ELOGIOS PARA ¿CÓMO LLEGUÉ HASTA AQUÍ?

"Es un tiempo de agitación y turbulencia. Todos nos sentimos un poco temblorosos y Christine Caine afianza nuestras dudas ansiosas. Dios es real. Él viene y nuestra esperanza está asegurada. Este libro te llevará de regreso a una fe que es otra vez plena y viva".

—Jennie Allen, fundadora y visionaria de IF: Gathering
Autora de éxitos de ventas del *New York Times* de
Controla tu mente

"Mediante sus propias historias profundamente personales, Christine transmite sabiduría a sus lectores una vez más. En *¿Cómo llegué hasta aquí?* nos recuerda que hay un poco de duda en todos nosotros, pero nos guía amorosamente a atravesarla y nos alienta a ser sinceros con Dios".

—Roma Downey, actriz nominada al Emmy, productora,
y autora de éxitos de ventas del *New York Times*

"Si sabes lo que es sentir que todo a tu alrededor está bien mientras nada en tu interior lo está, este libro es para ti. Si sinceramente no quieres seguir adelante, pero *deseas* seguir queriendo, este libro es para ti. Si necesitas que una líder triunfante y con cicatrices del trauma te dé una vislumbre de tu siguiente paso, Christine es la mujer para la tarea y este libro es para ti. *¿Cómo llegué hasta aquí?* te llenará de una esperanza que ancla el alma. Este libro es para ti".

—Dra. Anita Phillips, terapeuta de traumas y presentadora
del podcast *In the Light*

"El libro de Christine, *¿Cómo llegué hasta aquí?* es como una conversación sincera con una amiga y mentora. Mediante su perspectiva bíblica y su sentido del humor, te ayuda a reconocer los patrones y las áreas de tu vida que te están alejando de las cosas de Dios; y después te muestra cómo dirigir tu mirada otra vez a Él. Como mi mentora personal, puedo atestiguar de la sabiduría piadosa que tiene Christine, y sé que cualquiera que lea este libro tendrá un encuentro con Jesús".

—Sadie Robertson Huff, autora, oradora,
y fundadora de Live Original

"La búsqueda implacable de Christine Caine por llevar la esperanza de Jesús al mundo es profundamente efectiva en su nuevo libro: *¿Cómo llegué hasta aquí?* Plantea preguntas íntimas que todos nuestros corazones conocen bien, y señala al alma alejada el camino de regreso a casa con compasión y fortaleza. Damos gracias a Dios por Christine y por su ejemplo en nuestras vidas como líder, activista, maestra, y seguidora de Jesús. ¡Este libro alentará tu vida profundamente!".

—Rich Wilkerson Jr., pastor principal la Iglesia VOUS

"Clara. Vulnerable. Honesta. Si has llegado a un lugar donde dejaste de esperar, dejaste de soñar, o dejaste de orar… si las cosas que te rodean están prosperando y están vivas, pero en tu interior sientes cualquier cosa menos eso, si crees que puedes inclinarte y quebrarte, este libro es un mapa que te muestra cómo volver a poner las piezas en su lugar".

—Paula Faris, periodista, autora y podcaster

CHRISTINE CAINE

¿CÓMO LLEGUÉ HASTA AQUÍ?

Cómo encontrar el camino de regreso
cuando todo te aleja de Dios

W

WHITAKER
HOUSE
Español

Traducción al español por:
Belmonte Traductores
Manuel de Falla, 2
28300 Aranjuez
Madrid, ESPAÑA
www.belmontetraductores.com

Editado por: Ofelia Pérez

¿Cómo llegué hasta aquí?
Cómo encontrar el camino de regreso cuando todo te aleja de Dios

ISBN: 978-1-64123-809-0
eBook ISBN: 978-1-64123-810-6
Impreso en los Estados Unidos de América.
© 2021 por Christine Caine

Whitaker House
1030 Hunt Valley Circle
New Kensington, PA 15068
www.whitakerhouseespanol.com

A mi querido Nick

Jesús es el ancla de mi alma, especialmente cuando el viento y las olas quieren desviarme del camino, pero tú has sido la fuerza estabilizadora en mi vida. Me gusta pensar de ti como el giroestabilizador de nuestra barca mientras navegamos por nuestro tiempo en la tierra: esa hazaña de ingeniería que lo mantiene todo a flote. ¿Cuántas veces al día, a lo largo de todos los años de nuestra vida y ministerio juntos, has mantenido todo funcionando y has evitado que nuestra barca volcara? Tú, Nick, eres quien lo mantiene todo en vertical, en rumbo, y avanzando a toda máquina. Tú eres el contrapeso de nuestra vida familiar.

Por esto, y por un millón de razones más, te amo.

Por eso es necesario que prestemos más atención a lo que hemos oídc, no sea que perdamos el rumbo.

—Hebreos 2:I NVI

ÍNDICE

INTRODUCCIÓN

Cuando quise tocar la campana de la derrota

Si quieres cambiar el mundo, nunca, jamás, toques la campana.

—Almirante William H. McCraven

Estuve dando vueltas y vueltas en la cama por meses. De un lado a otro. De adelante hacia atrás. Ahuecaba mi almohada. Aplanaba mi almohada. Me arropaba hasta el cuello. Apartaba las sábanas. Me quedaba mirando fijamente a la oscuridad, con mi mente a menudo fija en un círculo interminable de pensamientos, luchando para no pensar, y después aterrizando en un vacío que rápidamente se rellenaba con instantáneas… de cambios que había visto llegar y otros que no… de nuevos comienzos que me las había arreglado para controlar y finales que no pude prever… de narrativas que tenía unas ganas tremendas de rescribir. Sabía que revivir el último par de años nunca daría sentido a los sentimientos de desesperación que estaba enfrentando, pero tampoco podía alejarme de lo que sentía. Deseaba librarme a mí misma de la confusión, del caos, del ruido; el tiempo suficiente para encontrar algún tipo de paz y poder dormir. Finalmente, me rendía y me levantaba de la cama. Una noche tras otra. En mi casa, en habitaciones de hoteles. En todas las zonas horarias.

Muchas noches quería despertar a Nick para resolverlo, para intentar descifrarlo; pero realmente no había nada nuevo que decir. Él era un esposo y amigo muy leal, y me había escuchado debatir y desenterrarlo, intentando desesperadamente desenmarañar lo que tenía nudos. Era muy consciente de eso y oraba fielmente por mí. No tenía ningún sentido robarle su sueño; no teníamos que estar despiertos los dos.

Esta nueva temporada, que no era ni querida ni bienvenida, era distinta a cualquier otra temporada previa de mi vida. Siempre he sido alguien que no ha aflojado. He avivado mi fe. He perseguido con pasión cada nueva frontera. Crecía y progresaba al estar a la vanguardia de cualquier cosa que Dios estuviera haciendo y donde Él estuviera. Pero algo había cambiado. No a mi alrededor; era en mi interior. Y era incapaz de ponerlo en orden.

Ciertamente, en lo profundo de mi ser, sabía que dormir no era en realidad lo que más quería. Yo quería respuestas. Pero, en ese momento, necesitaba descanso incluso más que respuestas, aunque era tentador pensar que las respuestas me darían descanso.

Aun así, yo *quería* respuestas. Mi mente *necesitaba* respuestas. No estaba acostumbrada a tener una corriente subterránea de una sensación de inquietud, de que había algo que no podía detectar con claridad.

Durante semanas había intentado agotarme al máximo en el gimnasio. Salir a correr. Montar en bicicleta. Ir a nadar. Cualquier cosa para bajarme de la cinta andadora mental que amenazaba con rebasarme. Pero todo eso fue inútil.

Entonces, una noche, Nick sugirió que viéramos un programa de televisión. Dijo que era para relajarnos antes de ir a dormir. Lo único es que eligió otro de esos documentales que le gusta mucho ver. Yo no podía imaginar cómo iba a ayudar eso, pero como nada de lo que había probado hasta ese momento funcionó, ¿qué tenía que perder? El programa de aquella noche era una mirada desde adentro a la semana más peligrosa que los reclutas para ser SEAL (grupo de élite) de los Estados Unidos soportan para pasar su entrenamiento y ser galardonados con el gran honor de poder denominarse SEAL. El reto se conoce como "Semana Infernal".

Nick se interesó de lleno desde el inicio, pero yo tardé más en involucrarme. Quizá si hubiera sido *G.I. Jane* (La teniente O'Neal), la película de acción de 1997 protagonizada por Demi Moore, podría haberme interesado más. Habría habido una trama de suspense, un tenso conflicto, y finalmente una resolución que me dejarían a rebosar de emociones ganadoras, y con un icónico héroe americano. Jane me habría inspirado a patearle fuerte el trasero al diablo. Garantizado: probablemente me habría dejado más nerviosa que relajada.

La elección de Nick no era exactamente fascinante. Al modo característico de los documentales, era una narración. De principio a fin; con una voz calmada y monótona. Dejé a un lado mi teléfono y decidí intentar verlo. Transcurridos cinco minutos, para mi sorpresa, el escepticismo dio paso a la curiosidad, y antes de darme cuenta estaba intrigada.

Había algo en el viaje de los reclutas que comenzó a tirar de mí. Les hacen sentir frío, estar mojados y agotados por días. Jalan troncos de madera por encima de sus cabezas, caminan en el agua, saltan desde helicópteros a más agua, y se embadurnan de arena. Gatean por la playa, solo para ser arrastrados de nuevo al mar y después a tierra, y se quedan desorientados. Confusos. Peleando para enfocarse. Peleando para mantenerse despiertos. Son forzados a presionar sus músculos hasta niveles de dolor que hacen que no los sientan. Son parte del personal del ejército más brillante y más físicamente en forma de toda la tierra, y son desmoralizados de todas las maneras posibles para que lleguen a un punto de quiebre mentalmente y emocionalmente. Y la mayoría de ellos sí se derrumban. Más de la mitad de todos ellos se desploman. Pero ese es el punto. Es mejor quebrarse en una playa en California que en una misión en una parte inestable y volátil del mundo.

Para hacer que su entrenamiento sea aún más brutal, siempre hay en su línea de visión una brillante campana dorada. En cualquier momento en el entrenamiento, solo por tocarla tres veces pueden poner fin a su dificultad. Pueden rescatarse a sí mismos del entrenamiento más riguroso y extenuante de la tierra. Sin que haya preguntas.

Tocan la campana, y ya no tendrán que despertarse a las cinco de la mañana, ni soportar ninguna falta de sueño. Tocan la campana, y ya no tienen que enfrentarse a nadar en aguas heladas en medio de una oscuridad total. Tocan la campana, y ya no tienen que rodar por la arena y ser una "galleta cubierta de azúcar". Tocan la campana, y pueden ser liberados del dolor de todo eso.

En un minuto, literalmente en un solo minuto, pueden cambiar la trayectoria de todo su destino. Al tocar la campana, pueden encontrarse transportados al instante del sufrimiento a estar bajo una ducha de agua caliente o ponerse ropa seca y limpia, o comer una comida caliente. Poner fin a su miseria puede ser así de rápido y así de fácil. Pueden salir de ahí y regresar a sus puestos familiares en el ejército y a casa con sus familias; abandonando de una vez para siempre el sueño de convertirse en un SEAL.

Ver su lucha feroz por negar su condición física, por superarlo mentalmente, por vencer probabilidades intencionales e insuperables, me dejó con ganas de tocar la campana por ellos.

Y... por mí.

En cuanto me di cuenta de que comprendí eso, comenzó a rugir la tormenta de emoción profundamente arraigada en mi interior. Hasta ese momento, no había sabido cómo describir la implacable angustia que había en mi corazón y mi mente. Puse la mano sobre mi pecho, intentando calmarme. Los sentimientos que me habían estado acechando, acercándose cada vez más hasta tener la sensación de que saltarían sobre mí cuando menos lo esperaba, me sorprendieron una vez más; y me dejaron profundamente inquieta.

Ser sorprendido trae consigo todo un rango de emociones que nunca he manejado bien. Incluso cuando es una sorpresa buena como una fiesta de cumpleaños. Por alguna razón, esas son las peores. Me han dicho que eso surge de sentimientos y fragmentos de trauma que quedaron del abandono y el abuso que experimenté cuando era niña. Baste con decir que me gustan las cosas conocidas. No lo desconocido.

Esos sentimientos de inquietud, esas punzadas de ansiedad, habían sido algo desconocido. Algo a ser explorado o revelado; pero observar a los reclutas SEAL tocar la campana, uno tras otro, comenzó a producir comprensión, al menos en parte. Se había revelado algo. Alguna cosa había levantado la cabeza y me había mirado de reojo; y yo había captado un vistazo de todo ello.

Me giré a Nick, incapaz de detener las lágrimas que se acumulaban. "Creo que estoy comenzando a entender los dos últimos años. Tengo la sensación de que me han lanzado de un helicóptero, me han dejado en el frío, en el agua helada, y he estado ahí por seis horas, pero se me pide que soporte ocho. Mi cerebro sabe que puedo seguir adelante. Mi corazón sabe que puedo seguir adelante. Sé que en realidad puedo quedarme otras dos horas en medio de esta agua helada. Sé que no va a matarme. He vivido el tiempo suficiente para saber que Jesús me sostendrá. He sido entrenada, estoy en forma físicamente, soy llamada por Dios, tengo la capacidad. Sé lo que se requiere de mí para seguir adelante, y por primera vez en mi vida ministerial, no sé si *quiero* hacerlo. Literalmente no sé si *quiero* seguir adelante. Creo que quiero tocar la campana".

¿Has dicho alguna vez algo y sentiste que los pulmones se quedaban sin aire con la última sílaba de tu frase? Eso es lo que me sucedió a mí. Expresar con palabras la angustia que me había estado acosando por meses me sacudió hasta lo más íntimo como ninguna otra cosa lo hizo nunca. Me asustó de un modo que nunca había conocido. Había habido momentos en mi vida en los que quise alejarme: temporalmente. Momentos cuando me sentí profundamente traicionada, profundamente desilusionada, profundamente herida, profundamente decepcionada, profundamente imperfecta, profundamente mal representada, profundamente desalentada, profundamente malentendida. Pero nunca me había chocado con una pared donde pensé: *No sé si realmente quiero seguir adelante.*

No podía ocultar mi propio asombro. Y tampoco podía evitar preguntarme: *¿Cómo llegué hasta aquí?*

PERO TODO ESTABA PROSPERANDO

Pensaba que yo era fuerte porque siempre había sido fuerte. Por más de treinta años había estado siguiendo a Jesús con pasión, siguiendo a cualquier lugar donde Él me dirigía con una gran gratitud y compromiso. Nunca olvidé cómo era mi vida cuando Él me encontró, ni tampoco todo lo que Él había hecho por mí en los años que pasaron desde entonces. Pero, no nos equivoquemos, pues había sido un viaje costoso: mentalmente, emocionalmente, físicamente, personalmente, espiritualmente…

- Cuando mi familia no entendió mi decisión de rendir mi vida a Jesús.
- Cuando tuve que decir adiós a algunas relaciones para seguir a Jesús.
- Cuando dejé atrás una carrera prometedora para responder al llamado al ministerio.
- Cuando yo era la única mujer que lideraba en un entorno ministerial.
- Cuando tenía un sueño inmenso y pocos recursos.
- Cuando tenía la sensación de estar totalmente sola.
- Cuando era soltera y todos mis conocidos eran casados.
- Cuando Nick y yo nos casamos y apenas podíamos llegar a fin de mes.
- Cuando tuvimos un hijo, perdimos un hijo, y después tuvimos otro.

- Cuando viajamos a las naciones para predicar el evangelio y vivíamos errantes y desarraigados por semanas seguidas.

- Cuando mudamos a nuestra familia de un continente a otro.

- Cuando decidimos lanzar una organización global contra el tráfico de personas: A21.

- Cuando comenzamos una iniciativa de liderazgo de mujeres: Propel.

- Cuando dije sí a un programa de televisión que alcanzaría todo el mundo: *Equip & Empower*.

Todo ello había tenido un costo más elevado del que anticipamos jamás, pero el fruto fue asombroso. Dios había superado cada una de nuestras esperanzas y expectativas. Había sido muy misericordioso con nosotros, muy fiel y muy bueno. En el momento en que celebramos veintiún años de matrimonio y ministerio, todo estaba prosperando: todo excepto yo.

Debería haber estado en la cima del mundo, pero no lo estaba. Debería haber estado disfrutando del fruto de mi trabajo, pero no era así. Debería haber estado llena de paz y gozo, pero no lo estaba. Debería haber estado llena de visión para el futuro, pero eso no sucedía. Algo andaba mal, y hasta aquella noche no pude detectar con exactitud qué era.

Estaba agradecida por tener una vislumbre de claridad, aunque fuera mediante un documental, pero ahora que tenía ciertas palabras para expresar mis sentimientos, estaba desesperada por tener más comprensión. Darme cuenta de que no estaba segura de que quería lo que siempre había querido del modo en que lo había querido fue asombroso. ¿Realmente sentía que lo que siempre había valido la pena de repente ya no la valía? ¿Estaba en realidad cuestionando si quería seguir a Jesús donde

Él me guiara? Seguramente no, pero sin duda alguna estaba en un lugar que nunca había imaginado.

No sabía si quería enfrentar la situación y seguir adelante, avanzar hacia lo siguiente, perseguir la aventura que siempre había perseguido. No era una crisis de fe; más bien fue una comprensión aleccionadora de que, si quería seguir adelante, probablemente eso significaría más sacrificio, más dolor, más sufrimiento, más exposición, más vulnerabilidad, más ataques... aunque todo ello significara más fruto.

El rumbo que Jesús había trazado para mí era digno de que yo continuara, porque Jesús era digno de que yo continuara, pero en algún lugar me había alejado de ver eso hasta perderme a mí misma en mis sentimientos. Y mis sentimientos me gritaban que tocara la campana. Me refiero a que yo sabía que podía seguir adelante por inercia, y nadie realmente sabría que no lo estaba haciendo con tanta fuerza como antes, que no me aferraba tan íntimamente a Jesús como antes lo hacía. Que no estaba dispuesta a seguir tomando riesgos como siempre había hecho. Podía ser como el recluta que toca la campana y no llega a ser un SEAL, pero sigue estando en el ejército. Sigue siendo uno de los más fuertes y valientes; sigue siendo honorable y trabajador, sirviendo a su país. Nadie sabría que yo toqué la campana. Excepto Jesús. Y que Él lo supiera importaba más que nada.

Quizá mi estado de asedio se debía a todos los años de estar en primera línea, de ser pionera, de atreverme a ir donde nadie más iba, de una guerra espiritual implacable. Quizá surgía por avanzar siempre a toda marcha, o de sentirme expuesta, vulnerable, y algunas veces como blanco fácil. Quizá estaba causado por el fracaso de un proyecto en el que había puesto todo mi corazón y mi alma. Tal vez era porque aún estaba afectada por la pérdida de mi mamá y otros tres familiares el año anterior. Quizá la pérdida de intimidad al dejar algunas amistades que había atesorado, que habían causado fracturas y me habían dejado herida y malentendida, quizá incluso cansada y hastiada. Había sido una inmensa temporada de pérdida en muchos niveles.

Pero, ¿no lidiamos todos con ser golpeados por diversos golpes? ¿No perdemos todos a seres queridos? ¿No nos cansamos todos en nuestro llamado y nuestra carrera profesional? ¿Acaso no experimentamos todos desengaños? ¿Y batallamos con estar desilusionados? ¿Acaso no queremos todos alejarnos de vez en cuando?

A decir verdad, he perdido la cuenta del número de veces en las que pensé en alejarme de todo y abrir una pequeña cafetería en Santorini, Grecia. Solamente Nick y yo con nuestras hijas, apartados en mi rincón favorito del mundo. ¿Puedes imaginarme sugiriendo otra taza de café para acompañar a tu baklava? Me imagino que todos huimos hasta nuestro pequeño lugar de destino en nuestra mente, a las vidas que pensamos que podríamos tener pero que nunca tendremos. Porque, en lo más profundo, amamos más a Jesús y sus planes.

> Me encontré en un lugar donde tenía más ganas de cubrirme que de arraigarme.

En lugar de dejarme llevar hasta allí esta vez, me di media vuelta y enfrenté el viaje que tenía delante, un viaje que nunca había anticipado. Me encontré en un lugar donde tenía más ganas de cubrirme que de arraigarme. Donde no sentía que tenía la fortaleza, la valentía y la confianza para seguir adelante. Sin embargo, al mismo tiempo, sabía que lo haría. Jesús había sido siempre el ancla de mi alma, de modo que encontraría lo que necesitaba donde siempre lo había hecho: en Él.

PRESTA ATENCIÓN

Y Él no me decepcionó. No me dejó abandonada o sin ayuda. Nunca lo ha hecho, y nunca lo hará. Algunas tardes después, mientras leía el libro de Hebreos, palabras que había leído muchas veces antes parecieron saltar de la página.

> Por eso es necesario que *prestemos más atención* a lo que hemos oído, *no sea que perdamos el rumbo.* Porque, si el mensaje anunciado por los ángeles tuvo validez, y toda transgresión y desobediencia recibió su justo castigo, ¿cómo escaparemos nosotros si descuidamos una salvación tan grande? Esta salvación fue anunciada primeramente por el Señor, y los que la oyeron nos la confirmaron. A la vez, Dios ratificó su testimonio acerca de ella con señales, prodigios, diversos milagros y dones distribuidos por el Espíritu Santo según su voluntad. (Hebreos 2:1-4 NVI, énfasis de la autora)

Prestemos más atención.

No sea que perdamos el rumbo.

De repente, tuve un pensamiento: *Quizá es así como me encontré queriendo tocar la campana. ¿He dejado de prestar más atención? Si es así, ¿a qué? ¿He perdido el rumbo? Si es así, ¿de qué?*

"Presta atención, presta más atención". Había escuchado palabras de advertencia como esas anteriormente. Durante toda mi niñez. Aprendí a hablar griego antes de hablar inglés, y mamá siempre nos hablaba en griego. Cuando ella quería comunicarnos algo importante a mis dos hermanos y yo, utilizaba las mismas palabras que el escritor de Hebreos: *perissoteros prosechein.* Cuando pronunciaba esas palabras, nos estaba diciendo que fuéramos cuidadosos y prestáramos atención *extra.* Su tono de voz comunicaba urgencia, seriedad, instrucción, y demandaba nuestro enfoque; especialmente cuando nos estaba hablando de algo crítico para nuestro bienestar, como cuando nos enseñaba a mirar en ambas direcciones antes de salir corriendo tras una pelota que había rodado hasta la carretera. O cuando quería que nos quedáramos sentados cerca y estuviéramos seguros mientras ella atendía algunos negocios en un banco o una tienda.

Perissoteros prosechein.

Lo decía cuando aprendíamos a montar en bicicleta. A ir a la escuela caminando. A cruzar el barrio hasta la casa de algún amigo.

Perissoteros prosechein.

"Presta atención extra", decía mi mamá.

"Presta atención extra", dijo el escritor de Hebreos.

¿Por qué prestar atención extra? *No sea que perdamos el rumbo.* Es como si el escritor supiera que, mientras más familiarizados estuviéramos, menos atención prestaríamos: a Dios, a su Palabra, y a sus caminos. Mientras más aprendiéramos, más probable sería que lo diéramos por sentado, y perdiéramos el asombro de nuestra salvación.

Prestemos atención.

No sea que perdamos el rumbo.

ES MUY FÁCIL PERDER EL RUMBO

Yo sé sobre perder el rumbo. Mi papá me inculcó los peligros de eso cuando era solamente una niña. Cada año, mi mamá y él nos llevaban a los niños a un viaje anual a la playa Umina, que está a una hora en auto al norte de Sídney, donde vivíamos. Era una excursión estupenda que todos esperábamos con muchas ganas, pero siempre parecía que íbamos donde los pelícanos eran más abundantes que los nadadores. Eso significaba que teníamos garantizado sentir picor por los pelícanos al nadar en el agua, de modo que mi mamá siempre llevaba la loción de calamina. Suena asqueroso, y si ves fotografías en Google se ve asqueroso, pero aparte de producirnos un sarpullido en todo el cuerpo y sentir picor, era inofensivo.

Salir de vacaciones en verano también significaba nadar contra una fuerte resaca en el mar. Sabiendo que podíamos ser arrastrados a lo profundo del mar, mi papá nos enseñaba cada año acerca de los peligros de las corrientes subterráneas y qué hacer si sentíamos que éramos arrastrados lejos de la orilla.

Entonces, cuando estábamos ya en la playa, él tenía una rutina para mantenernos a salvo. Clavaba una sombrilla en la arena, con colores tan vivos que yo estaba segura de que todos en la playa sabían que teníamos que ser griegos. Otras familias tenían sombrillas lindas o de un solo color, pero la nuestra siempre parecía brillar más que el sol y declarar a gritos nuestra alegre herencia. No había mezcla para el clan Caryofyllis. Cuando papá ubicaba la sombrilla, caminaba hacia la orilla a poca distancia y esencialmente hacía una bandera con una toalla de playa igualmente colorida y un palo, clavándolo en la arena. No había modo de no ver la obra de papá, incluso desde muy lejos dentro del agua. Pero ese era el punto. Antes de dejarnos salir corriendo hacia el agua, nos juntaba y hacía que escucháramos sus instrucciones.

Hasta la fecha, aún puedo escucharle diciéndome: "La resaca es realmente fuerte hoy, de modo que cuando estés allí en el agua, necesito que de vez en cuando mires hacia acá y compruebes tus marcas. Ahí está la sombrilla, y aquí está la toalla.

Asegúrate de estar siempre entre las dos. Si te encuentras fuera de las marcas, nada hacia la orilla y regresa caminando. Si miras de vez en cuando y compruebas tus marcas, estarás bien".

Mi papá sabía cuán fácil era perder el rumbo. También sabía que había un peligro incluso mayor si eso nos sucedía.

Sin importar si cada uno de nosotros era un buen nadador, sin importar cuán confiados, cuán fuertes, cuánto conocíamos el mar y sus corrientes, si nos alejábamos demasiado, entonces el ahogamiento era una amenaza real.

Como dice la vieja frase: "Los buenos nadadores son los que se ahogan". Mi papá entendía el significado de esa frase demasiado bien: quienes uno nunca piensa que se ahogarían, que nunca podrían ahogarse, que son quienes tienen menos probabilidad de ahogarse, son realmente quienes se ahogan. Los que piensan que son inmunes a la potencia del agua y corren los riesgos que un novato nunca correría, tienen más probabilidad de perecer. Y cuando comienzan a ahogarse, son como todos los demás: incapaces de sobrevivir. A pesar de que tengan buena forma física, no tienen control alguno sobre sus acciones. No pueden dejar de ahogarse ni realizar movimientos voluntarios como hacer señales para pedir ayuda, moverse hacia un rescatador, o alcanzar un salvavidas. Debido a eso, el ahogamiento es casi siempre engañosamente tranquilo.[1]

Igual que perder el rumbo. Papá sabía que una cosa podía conducir a la otra, de modo que hacía primero todo lo posible para evitar que perdiéramos el rumbo.

Lo mismo hizo el escritor de Hebreos.

Prestemos atención.

No sea que perdamos el rumbo.

El escritor nos estaba hablando a todos nosotros, sabiendo que cualquiera, en cualquier etapa de la vida, podría encontrarse en un lugar donde nunca quiso estar.

Cuando comenzamos a alejarnos en cualquier área de nuestra vida, es algo sutil, apenas incluso observable. Raras veces detectable. No es un paso deliberado que damos, sino más bien nos deslizamos gradualmente. Quizá ocurre a medida que hacemos pequeñas concesiones o compromisos. No perdemos el rumbo porque no somos fuertes, o no hemos caminado con Cristo por muchos años. Simplemente sucede. Pero cuando se produce, si no levantamos la mirada y comprobamos nuestras marcas, seremos llevados a lugares donde nunca quisimos ir: emocionalmente, físicamente, relacionalmente o espiritualmente. No hay ningún aspecto de nuestras vidas que sea inmune a perder el rumbo, y ni una sola persona que no sea propensa a perderlo.

> No hay ningún aspecto de nuestras vidas que sea inmune a perder el rumbo, y ni una sola persona que no sea propensa a perderlo.

LA CORRIENTE DE NUESTRO TIEMPO

Mi papá hacía todo lo que podía para prepararnos cuando éramos niños. Recuerdo que una vez nos dijo qué hacer en caso de que nos viéramos atrapados en una corriente, comenzáramos a nadar hacia la playa, pero estuviéramos demasiado cansados para seguir adelante: "Floten, Ahorren fuerzas. No peleen. Y tienen que saber que yo estoy observando. Encontraré un modo de llegar hasta ustedes". Yo lo creí. Siempre sabía que él estaría listo para rescatarnos, dispuesto a hacer todo lo necesario para llegar hasta nosotros.

¿Acaso no está nuestro Padre celestial igualmente deseoso de ayudarnos cuando perdemos el rumbo espiritualmente? Él siempre está observando. Siempre preparado. Siempre queriendo sacarnos de donde estamos y llevarnos donde necesitamos estar. Eso es lo que el autor de Hebreos fue inspirado a ayudarnos a entender. Estaba escribiendo a los cristianos de su tiempo, a creyentes que se habían convertido del judaísmo y eran muy tentados a perder el rumbo y regresar a su antiguo sistema de creencias. La corriente de su tiempo los arrastraba lejos de la verdad del evangelio. Roma había estado ardiendo, y el emperador Nerón era implacable, desviando la culpa de sí mismo hacia los cristianos. Debido a sus acusaciones, los cristianos experimentaban persecución, prisión, y problemas insuperables. Perdían sus propiedades, eran apartados en sus comunidades, e incluso se convertían en mártires. Fue una época de gran lucha y sufrimiento. ¿Cómo los primeros cristianos no serían tentados a regresar a la aparente seguridad de la adoración en el templo? Entonces serían aceptados y no marginados; se sentirían muy cómodos y no apartados; no serían atacados solamente por ser cristianos.

¿Y acaso no se parece a la época y el tiempo en que vivimos? ¿Donde todo es caótico, volátil e impredecible? ¿Donde todo lo que antes era seguro parece tan incierto? ¿Donde todo lo que puede ser sacudido está siendo sacudido? Desde la política y el gobierno, la moralidad y la normalidad, los valores y las creencias, lo bueno y lo malo, hasta la verdad y los hechos; todo parece estar cambiando. Intentamos con mucha fuerza ser amorosos y misericordiosos, inclusivos y no exclusivos, buenos y amables, a la vez que somos absolutamente obedientes a la verdad de la Palabra de Dios, pero no es fácil. No es fácil destacar. Sería mucho más cómodo encajar.

No es extraño que el escritor de Hebreos comenzó su mensaje en el capítulo 1 diciendo:

Porque ¿a cuál de los ángeles dijo Dios jamás:
> Mi Hijo eres tú,
> Yo te he engendrado hoy, y otra vez:
> Yo seré a él Padre,
> Y él me será a mí hijo?

Y otra vez, cuando introduce al Primogénito en el mundo, dice:
> Adórenle todos los ángeles de Dios.

Ciertamente de los ángeles dice:
> El que hace a sus ángeles espíritus,
> Y a sus ministros llama de fuego.

Mas del Hijo dice:
> Tu trono, oh Dios, por el siglo del siglo;
> Cetro de equidad es el cetro de tu reino.

Has amado la justicia, y aborrecido la maldad,
Por lo cual te ungió Dios, el Dios tuyo,
Con óleo de alegría más que a tus compañeros. (vv. 5-9)

¿Qué quería decir el escritor? ¿Cuál era su enfoque? ¿Cuál era su énfasis? La indiscutida, incontestable, inequívoca, profunda supremacía de Jesús. Jesús, que es mayor que todos los ángeles. Mayor que toda la creación. Mayor que cualquier enemigo. Mayor, me atrevo a decir, que incluso los tiempos en que vivimos.

Entonces, en el capítulo 2, el escritor instó a los primeros cristianos a seguir adelante, a pesar de la tentación de abandonar y ceder: "Por eso es necesario que prestemos más atención a lo que hemos oído, no sea que perdamos el rumbo…

¿cómo escaparemos nosotros si descuidamos una salvación tan grande?" (vv. 1, 3 NVI).

Nos resulta fácil seguir asistiendo a la iglesia, seguir asistiendo a estudios bíblicos, seguir liderando grupos pequeños, seguir adorando y orando, seguir declarando por fe… y estar perdiendo el rumbo al mismo tiempo. No lo olvidemos: el escritor de Hebreos estaba hablando a seguidores de Jesús. A personas como tú y como yo. Él sabía que podemos estar descuidando una cosa simplemente porque estamos prestando más atención a otra. Que, a todas luces, puede parecer que estamos avanzando pero realmente estamos perdiendo el rumbo.

+ Podemos estar trabajando diligentemente en nuestra educación; y estar perdiendo el rumbo.

+ Podemos estar ascendiendo en la escalera empresarial; y estar perdiendo el rumbo.

+ Podemos estar iniciando un negocio; y estar perdiendo el rumbo.

+ Podemos estar criando hijos fuertes; y estar perdiendo el rumbo.

+ Podemos estar construyendo una organización no gubernamental digna de una causa; y estar perdiendo el rumbo.

+ Podemos estar salvando vidas en un hospital; y estar perdiendo el rumbo.

+ Podemos estar asistiendo a nuestra iglesia fielmente por décadas; y estar perdiendo el rumbo.

+ Podemos estar sirviendo en el ministerio; y estar perdiendo el rumbo.

+ Podemos estar alcanzando a multitudes para Cristo; y aun así estar perdiendo el rumbo.

Cuando me encontré insegura de si quería seguir adelante, no había soltado nada. Seguía leyendo mi Biblia y orando cada día. Seguía leyendo libros estupendos, asistiendo a conferencias, escuchando podcasts, memorizando versículos de la Escritura. Seguía conversando sobre ideas, planes y pensamientos con Nick, con amigos cristianos de confianza y con líderes muy respetados. Incluso me había matriculado en un programa de maestría para evangelismo y liderazgo con otras veinte mujeres. No se trataba de caminar sola y, sin embargo, estaba perdiendo el rumbo. De algún modo. En algún lugar.

Llegue a entender lo siguiente: podemos estar haciendo todas las cosas cristianas correctas, diciendo todas las palabras cristianas adecuadas, pero igual que los seguidores en Hebreos, podemos estar alejándonos y perdiendo el rumbo. Quizá porque...

+ Nos han defraudado o desilusionado más veces de las que podemos contar.

+ Hemos sido traicionados y nuestros corazones siguen quebrados.

+ Hemos sufrido un revés tras otro y carecemos de fuerzas para levantarnos de nuevo.

+ Nos han pasado por encima demasiadas veces y sentimos que nos han marginado y dejado atrás.

+ Nos han dado un puñetazo tan fuerte en el estómago que nos quedamos sin respiración.

+ Hemos fracasado en algún aspecto y tememos que es definitivo.

+ Simplemente nos hemos quedado sin energía, visión, pasión o motivación.

+ Hemos olvidado por qué comenzamos en un principio.

+ Nos hemos distraído o sucumbido ante otras atracciones.

Es fácil perder el rumbo. Es incluso más fácil de lo que pensamos dejar de creer en Dios en medio de toda nuestra creencia. Seguir declarando verdades doctrinales a la vez que permitimos que una incredulidad mortal tome residencia en nuestro corazón, llevándonos a un lugar donde estamos inseguros acerca del futuro. Sin estar dispuestos a aceptarlo. Incapaces de seguir adelante.

CONTINUEMOS JUNTOS

Si me hubieras dicho hace unos años atrás que un día pronto me encontraría en un lugar donde no estaría segura de querer seguir adelante, no habría sido capaz de comprender cómo sería posible eso. He trabajado duro por años para estar fuerte espiritualmente, mentalmente y físicamente; pero lo que entendí recientemente es que, a veces, la vida transcurre más rápidamente de lo que nosotros podemos correr nuestra carrera. No podemos controlar todo lo que nos sucede a nosotros o a nuestro alrededor. No podemos controlar las decisiones que otras personas toman y que nos afectan profundamente. Incluso si hemos caminado con Cristo por años y le hemos permitido que haga un profundo trabajo de sanidad en nuestro interior, aun así, podemos sentirnos en un lugar que nunca soñamos. Un lugar donde nunca tuvimos intención de estar. Un lugar de querer tocar la campana.

Si es ahí donde estás ahora en cualquier área de tu vida, entonces tengo buenas noticias para ti. No estás en un entrenamiento de los SEAL. Esto no es la Semana Infernal. Este es el reino de Dios, donde abundan la gracia y la verdad (ver Romanos 5:20), donde sus misericordias son nuevas cada mañana (ver Lamentaciones 3:22-23), donde siempre hay un camino de avance.

No eres un fracaso por sentir que quieres tocar la campana. Dios te ama. Dios está por ti, y hace que todas las cosas obren para tu bien y para su gloria (ver Romanos 8:28). Él tiene una esperanza y un plan para tu futuro (ver Jeremías 29:11). Lo mejor de todo es que no tienes que descifrar tú solo cómo salir del lugar al que has llegado. Como yo he estado allí, quiero ayudarte.

Cuando fui tentada a dejar de estar totalmente involucrada, Dios nunca me abandonó. Siguió dirigiéndome, ayudándome, fortaleciéndome, para que no tocara esa campana. Lo que Él me mostró es lo que me permitió dejar de alejarme y comenzar a prosperar otra vez. Lo que Él me mostró es lo que me permitió seguir adelante y seguir creciendo, mantenerme enfocada y cumpliendo todo el propósito que Él ha puesto en mi interior, siguiendo todo lo que Él me ha llamado a hacer. No he descubierto todas las respuestas, pero al mirar atrás y ver cómo Dios me hizo avanzar, he hecho todo lo posible por captar las perspectivas y la comprensión que Él me ha dado para poder transmitírtelas ahora a ti.

Aunque aprendí que prestar atención era el antídoto para mi deriva, más importante aún fue descubrir a *qué* exactamente prestamos atención y *cómo* le prestamos atención, de modo que no volvamos a perderlo de vista. Eso, y mucho más, es lo que espero compartir contigo a lo largo de las páginas de este libro. Mediante historias de mi propia vida y las vidas de amigos que atesoro, te mostraré lo que he descubierto acerca de los lugares donde todos acudimos de vez en cuando y el lugar donde estoy caminando ahora.

Es un lugar nuevo, un lugar de paz. Un lugar que incluye mantenerme en la misión y lanzar la siguiente aventura. Un lugar donde duermo mejor que nunca, sin importar dónde apoye mi cabeza.

I

ECHAR Y FIJAR EL ANCLA

Nada es nunca nada. Siempre es algo.

—Cecelia Ahern, *The Book of Tomorrow*

"Chris, echa el ancla", me gritó Nick desde la popa de nuestro pequeño bote en el Mar Egeo. Estábamos unos día de vacaciones en Santorini, Grecia: mi lugar favorito en la tierra (sí, el mismo lugar donde he soñado despierta con abrir una pequeña cafetería). Era divertido estar en el agua y rememorar nuestra luna de miel que pasamos hace más de dos décadas atrás en este mismo paraíso. Igual que en aquel entonces, Nick había rentado un bote para que pudiéramos explorar la isla y sus caletas.

Tanto a Nick como a mí nos encanta navegar. Yo amo especialmente la belleza de deslizarte por el agua, ver el atardecer, y sentir el aire salado en mi cara. A Nick le gusta más la aventura de alto octanaje, y nunca le importa adentrarse tanto en el mar que encontramos vías marítimas donde nuestra barca parece tener el tamaño de un bote salvavidas cerca de los inmensos barcos de carga. (Desde luego, ese tipo de viajes me hacen orar más).

Este día solo queríamos pescar, lo cual significaba que podía relajarme. Cuando salimos del puerto deportivo, nos dirigimos en busca de nuestro pequeño cayo favorito y su pequeño lago recóndito. Era el lugar perfecto para echar el ancla.

Siempre que salimos a navegar, Nick a menudo pesca mientras yo cierro los ojos y absorbo los rayos del sol. No me malentiendas; también me encanta pescar... mientras no tenga que tocar el pescado. (Muy bien, lo admitiré: grito con todas mis fuerzas cuando entran en el bote como si volaran). Lo cierto es que me gusta la idea de pescar más que la pesca en sí, de modo que supongo que se puede decir que tomar el sol es mi deporte preferido.

Mientras Nick preparaba los aparejos y lanzaba su sedal, yo fui a la proa del bote y eché el ancla. Entonces me estiré para descansar y dormir una siesta. Era el tipo de día perfecto. Nosotros dos solos y mucho sol y mar.

Debí haberme quedado dormida más tiempo del que pensaba porque, cuando desperté, la suave brisa se había convertido en un fuerte viento. El calor del sol sobre mi piel se había convertido en un húmedo escalofrío, y el bote se movía demasiado para estar en nuestra caleta poco profunda. Cuando abrí los ojos y me incorporé, miré alrededor y vi que estábamos lejos de donde me había quedado dormida.

¿Cómo llegamos hasta aquí?

Nick estaba guardando sus aparejos.

"Chris, ¿echaste el ancla como te dije?".

"Claro que sí", le respondí. (¡Siempre hago lo posible por ser un primer oficial de cubierta estupendo!).

"Pero ¿lo viste? La corriente nos ha llevado hasta muy lejos".

"¿Qué? ¿De qué estás hablando? Me pediste que echara el ancla, y lo hice. No dijiste que hiciera nada más", dije como defensa de mi destreza náutica.

"Chris, si no te aseguras de que el ancla está fijada al lecho marino, entonces no estamos realmente anclados".

Bueno, nadie me habló de esa parte de la ecuación.

Agarrada a un lado del bote, con las olas que se veían cada vez más grandes, calculé que nos habíamos alejado más de un kilómetro en el mar, directamente a las vías marítimas, y esta vez no era para experimentar aventuras. Parece ser que Nick también se había tomado un descanso de la pesca para dormir una siesta, y ninguno de los dos había observado que nos estábamos desviando hacia aguas peligrosas, muy lejos de la seguridad de nuestra tranquila caleta. Miré más allá de los inmensos barcos cercanos y vi que se estaba formando una tormenta en la distancia, abriéndose camino hacia donde estábamos. Sin duda que tendríamos que superarla. Nada de eso era lo que yo había imaginado para ese día.

Mientras yo seguía agarrada, Nick comenzó a dirigir nuestro pequeño bote otra vez en dirección a tierra. Luchando contra la corriente y las olas, fue cambiando de rumbo en medio del agitado mar y el fuerte viento. Yo sentía náuseas a medida que el bote se dirigía directamente a una ola y después aterrizaba en la siguiente: una detrás de otra. Los nudillos de mi mano estaban blancos por agarrarme cada vez más fuerte intentando mantenerme en ese lugar.

Nick se mantuvo al volante. Siempre ha sido un experto capitán, de modo que yo sabía que de algún modo lograríamos regresar, pero el viaje no fue nada menos que arduo. Nos tomó tanto tiempo llegar al puerto deportivo que, cuando entramos en el muelle, el sol se había puesto y las dársenas estaban casi desiertas. Cuando aseguramos el bote en el atracadero y nos bajamos, parecía que cada músculo en mi cuerpo que había estado tenso por horas se soltaba. Mientras caminábamos tambaleantes hacia el auto con solo unas pocas farolas y la luz de la luna para guiarnos, reflexioné en todo lo que acabábamos de atravesar, y lo que lo había causado.

Nick nos había posicionado correctamente, con el viento de cara, cuando me pidió echar el ancla, algo que normalmente hacía él y a lo que yo nunca prestaba mucha atención. Si yo tan solo la hubiera lanzado, hubiera agarrado la soga y le hubiera dado un buen tirón mientras nos alejábamos flotando, habríamos estado seguros. El agua era muy clara, y probablemente podría haber visto que se fijaba en el fondo si hubiera estado observando, pero no entendí plenamente la conexión existente entre echar el ancla y estar anclado: al echar el ancla se tiene sensación de estabilidad, mientras que un ancla que está fijada realmente garantiza la estabilidad. Solamente lo segundo te mantiene a salvo. Lo primero deja que te desvíes hacia el peligro, hacia donde vaya la corriente. Te conducirá a alguna parte, a cualquier parte, con más probabilidad donde no quieres ir. Lo que aprendí en el agua aquel día era más importante de lo que pensé. Más relevante de lo que había entendido jamás.

Es muy fácil perder el rumbo.

Lo único que hay que hacer es no hacer nada.

LA CORRIENTE ESTÁ SIEMPRE EN MOVIMIENTO

Lo que Nick y yo experimentamos aquel día en Santorini fue una instantánea del poder que tienen las corrientes oceánicas para movernos de una ubicación a otra. Los canales fluviales del mundo siempre están en movimiento. Discurren formando complejos patrones alrededor del planeta, afectados por muchas fuerzas, desde la tipografía del lecho oceánico, la rotación de la tierra, y cambios atmosféricos.[1]

Para no entrar mucho en una lección de ciencia, sino por el tiempo que fui una estudiante que se crió en Sídney, aprendí todo acerca de la Corriente de Australia Oriental (CAO) que discurre desde la Gran Barrera de Coral a lo largo de la costa de Australia. Tiene 62 millas de anchura y casi una milla de profundidad, y es impulsada por los vientos del Pacífico Sur. Discurre con más rapidez en verano que en invierno; y es tan potente que mueve poblaciones enteras de vida marina desde un mar a otro.[2] Si has visto la película *Buscando a Nemo*, que presenta las aventuras de Dory y Marlin, entonces al menos has visto la versión animada de la CAO, aunque ni se acerca a moverse con la rapidez con la que Pixar la mostró. Aun así, si quedas atrapado en ella, entonces irás hacia donde te lleve, ya sea un lugar donde quieres ir o no.

Al entender eso y conocer de primera mano lo fácil que es perder el rumbo cuando estás en el mar, no puedo evitar pensar en otros tipos de corrientes que son igualmente potentes y que, quizá, son más peligrosas todavía. Corrientes que involucran corrientes subterráneas intangibles, como ideas y filosofías populares que se abren camino por nuestra cultura; y a veces incluso en la iglesia. Estos tipos de influencias son las corrientes de nuestro tiempo, impulsadas por los vientos del cambio. Descentran a la sociedad, y algunas veces también a nosotros con ellos, lejos de las verdades fundamentales de la Palabra de Dios, y nos llevan a lugares donde nunca quisimos ir. Todo esto sucede en silencio, gradualmente. Y pasa en gran parte desapercibido.

Imagino que probablemente estás más familiarizado con estas corrientes de lo que podrías esperar. Solamente piensa en cuántas veces te has visto obligado a enfrentar asuntos que nunca antes consideraste. Asuntos que quizá antes nunca les habrían afectado ni a ti ni a tu familia, pero que ahora sí les afectan.

Ahora que mis hijas son adolescentes, me encuentro teniendo conversaciones con ellas que mi mamá nunca habría soñado tener conmigo, pero mis hijas están enfrentando un mundo que mi mamá nunca conoció. Se ven confrontadas frecuentemente con ideas y perspectivas que son muy diferentes a las verdades bíblicas que Nick y yo les hemos enseñado. Algunas veces, esas ideas que traen a nosotros son complejas y difíciles de explicar. En esos momentos, Nick y yo escuchamos, oramos, y dirigimos con cuidado a nuestras hijas de regreso a la Palabra de Dios, haciendo todo lo posible para abordar las partes práctica y espiritual de los asuntos.

Juntos, a lo largo de los años, a un nivel siempre adecuado para su edad, hemos conversado sobre acoso escolar, ansiedad, identidad, valor y sexualidad. Hemos diseccionado la moralidad, la diversidad y la misoginia. Hemos hablado de pobreza, prejuicio, racismo y desigualdad. Hemos expresado todo, desde la apologética hasta la ciencia. Hemos cubierto cualquier terreno que fuera necesario para ayudar a Catherine y Sophia a ver el valor de su fe cristiana, de su relación con Jesús y de su obra en cada experiencia que podrían encontrar, especialmente ante las objeciones más difíciles hacia el cristianismo. Y seguimos conversando. Nunca dejaremos de conversar. Porque el mundo tal como lo conocemos, como lo hemos conocido, está siempre en evolución, y eso nos afecta. Y, muchas veces, más profundamente de lo que nos gustaría admitir.

Por nuestras charlas familiares y por lo que veo que sucede en el mundo, soy muy consciente de que, igual que la CAO mueve la vida marina, las corrientes de nuestro tiempo parecen estar moviendo a poblaciones enteras de personas y el modo en que piensan y creen a lugares que quizá nunca habríamos esperado.

Me consuela saber que nada de esto es una sorpresa para Dios. Ni los desastres naturales, ni los efectos de la guerra. Tampoco los cambios en la cultura. No las injusticias, ni los cambios en moralidad, ética, o sentido común. Dios sabía que los vientos de cambios soplarían en cada generación, incluida la nuestra; y sabía cuán fácil sería para nosotros perder el rumbo, incluso cuando teníamos toda la intención de no permitir nunca que eso sucediera.

> Dios conoce la fragilidad de nuestra humanidad. Ha estado contendiendo con ella desde la caída. Él sabe que es muy fácil que perdamos el rumbo.

Dios conoce la fragilidad de nuestra humanidad. Ha estado contendiendo con ella desde la caída. Él sabe que es muy fácil que perdamos el rumbo. En nuestros pensamientos. En nuestras acciones. En nuestras vidas cotidianas. En las cosas más sencillas. Él sabe cuán tentados somos a cambiar gradualmente de tener nuestra esperanza en Él a tenerla en otras personas; un error común que por lo general funciona bien hasta que alguien nos decepciona.

Es demasiado fácil apoyarnos en fuentes alternativas de seguridad y significado a la vez que decimos que nos apoyamos en nuestra fe. Poner confianza en *nuestra* educación formal, *nuestros* planes o *nuestras* carreras profesionales. Regresar a lo que *nosotros* conocemos, a lo que *nosotros* pensamos que nos ha hecho ser exitosos. Confiar en *nuestros* dones, *nuestros* talentos o *nuestras* habilidades, como si los poseyéramos apartados de Dios (ver 2 Corintios 4:7).

Y puede que estemos haciendo todo eso sin ni siquiera darnos cuenta. Igual que yo pensaba que había anclado nuestro bote, a veces pensamos que estamos firmes en nuestra fe hasta que nos descubrimos en algún lugar que no reconocemos.

Para mí, ahora que sé que es posible perder el rumbo sin darme cuenta, que ese alejamiento no se produce en un instante sino con el tiempo, y que pequeños cambios en nuestras acciones cotidianas pueden producir grandes cambios, he incorporado la práctica de hacer un inventario personal regularmente para evitarme a mí misma volver a perder el rumbo. Estoy prestando más atención que nunca antes a mi relación personal con Dios, a lo que sucede en mi corazón, a dónde pongo mi confianza, y a mi familia, amigos y colegas. Como escribió Salomón, son las pequeñas zorras las que minan nuestra relación con Dios: las cosas que quizá no observamos, que parecen pequeñas, invisibles y no detectables (ver Cantares 2:15).

Acerca de mi relación con Dios, pregunto:

+ ¿He dejado de seguir a Dios y he comenzado a no dar prioridad a mi tiempo con Él?

+ ¿He dejado de consumir la Palabra de Dios y he comenzado a vivir de las sobras?

+ ¿He dejado de responder al Espíritu enseguida y he comenzado a demorar las cosas?

+ ¿He dejado de dar importancia y he comenzado a ser insensible hacia mis anteriores convicciones?

+ ¿He dejado de orar y he comenzado a obsesionarme?

+ ¿He dejado de buscar más de Él?

Acerca de mi relación con los demás, pregunto:

+ ¿He dejado de perdonar y he comenzado a guardar rencor?

+ ¿He dejado de compartir y he comenzado a retener?

+ ¿He dejado de comprometerme y he comenzado a retirarme?

+ ¿He dejado de reír y he comenzado a ser más crítica?

+ ¿He dejado de responder con gracia y he comenzado a responder con impaciencia?

Acerca de mi corazón, pregunto:

+ ¿He dejado de tener pasión y he comenzado a tener resentimiento?

+ ¿He dejado de soñar y he comenzado a conformarme?

+ ¿He dejado de esperar y he comenzado a hundirme en la desesperación?

+ ¿He dejado de sentir y he comenzado a ser insensible?

He descubierto, por hacer esta lista y profundizar en la Palabra de Dios, que hay multitud de maneras de perder el rumbo, pero hay un solo modo de no hacerlo. Y ese modo es echar, y fijar, el ancla.

JESÚS ES NUESTRA ANCLA

Con tanto cambio en movimiento, hay una sola ancla que conozco y que puede mantenernos firmes en medio de estas corrientes cambiantes. Su nombre es Jesús.

El escritor de Hebreos recordó a los primeros cristianos que Dios hizo una promesa a Abraham (bendecirlo y multiplicar su descendencia), y Dios la cumplió. Igualmente, cada generación desde entonces ha tenido una promesa a la que aferrarse.

Porque cuando Dios hizo la promesa a Abraham, no pudiendo jurar por otro mayor, juró por sí mismo, diciendo: De cierto te bendeciré con abundancia y te multiplicaré grandemente. Y habiendo esperado con paciencia, alcanzó la promesa. Porque los hombres ciertamente juran por uno mayor que ellos, y para ellos el fin de toda controversia es el juramento para confirmación. Por lo cual, queriendo Dios mostrar más abundantemente a los herederos de la promesa la inmutabilidad de su consejo, interpuso juramento; para que por dos cosas inmutables, en las cuales es imposible que Dios mienta, tengamos un fortísimo consuelo los que hemos acudido para asirnos de la esperanza puesta delante de nosotros. *La cual tenemos como segura y firme ancla del alma*, y que penetra hasta dentro del velo, donde Jesús entró por nosotros como precursor, hecho sumo sacerdote para siempre según el orden de Melquisedec. (6:13-20, énfasis de la autora)

Dios nos envió un salvador (Jesús, esta esperanza) como el ancla de nuestras almas. Pero si la mantenemos dentro del bote, al alcance de nuestro control, nuestra ancla no nos hace ningún bien. Solamente cuando la lanzamos fuera del bote, asegurándonos de que esté fijada abajo de la superficie del agua en el lecho oceánico, es cuando esta esperanza que tenemos como ancla para nuestras almas puede funcionar. Al principio no sabremos que está funcionando, cuando todo está en calma, pero cuando surgen los vientos y comienzan a formarse las olas, sabremos que Jesús está haciendo lo que prometió. Si mantenemos nuestra esperanza en Jesús, podemos mantenernos firmes. Inamovibles. Firmemente establecidos. Incluso en medio de las corrientes más fuertes y las peores tormentas. Incluso cuando no podemos ver nuestra ancla en las profundidades. "Porque en esa esperanza fuimos salvados. Pero la esperanza que se ve ya no es esperanza. ¿Quién espera lo que ya tiene?" (Romanos 8:24 NVI).

La esperanza hace lo que debía hacer cuando simplemente confiamos en Jesús y dejamos que nuestra ancla haga su trabajo. Incluso cuando sentimos que la corriente gira a nuestro alrededor, queriendo movernos con su fuerza, no tenemos que ceder. Sí, nuestra esperanza siempre será probada, no cambia la condición del mar, pero soltar a Jesús, el ancla de nuestra alma, dejar de confiar, distraernos, perder de vista lo que nos está manteniendo en nuestro lugar, solamente hará que perdamos el rumbo.

> Dios nos envió un salvador (Jesús, esta esperanza) como el ancla de nuestras almas.

Quizá tu cónyuge te ha dejado, un amigo se ha apartado de ti, o un mal diagnóstico te ha cegado por completo. Jesús quiere ser tu ancla.

Tal vez tienes un hijo al que parece que no puedes acercarte. Quizá has perdido tu empleo y ya no te quedan ahorros. Jesús quiere ser tu ancla.

Quizá tus sueños han quedado hechos añicos y te sientes totalmente perdido sin tener ni idea de cuáles deben ser tus siguientes pasos. Jesús quiere ser tu ancla.

El escritor de Hebreos nos aseguró esto, y más adelante en sus escritos nos dijo que Dios nos prometió incluso más: "Jesucristo es el mismo ayer, y hoy, y por los siglos" (13:8). Qué confianza nos da saber que Jesús es un ancla que nunca cambia. Su amor sigue siendo el mismo, sus misericordias permanecen igual, su gracia sigue siendo la misma, y también su compasión.

Particularmente cuando todo lo demás parece que nunca es permanente.

Lo que debemos aprender a hacer es mantenernos anclados en Él, especialmente cuando las corrientes de nuestro tiempo son cada vez más fuertes.

COMPRUEBA TU ANCLA

Cada vez que Nick y yo salimos a navegar, él hace una comprobación de seguridad rutinaria del bote, asegurando que tengamos abundante combustible, chalecos salvavidas, y todo lo necesario para cualquier tipo de emergencia marítima. Parte de su rutina incluye siempre inspeccionar el ancla y la cadena unida a ella. Siempre me fascina toda la atención que pone, comprobando cada eslabón de la cadena que la conecta al ancla.

Las anclas para barcos tienen muchos diseños y siempre un tamaño proporcionado al tamaño y el peso del barco. En pocas palabras, mientras mayor es el barco, mayor es el ancla. Unida al ancla está la cadena. La longitud de la cadena que se debe usar para un anclaje en particular es normalmente de cinco a siete veces la profundidad del agua, y depende de factores como la naturaleza del fondo de la masa de agua, la climatología actual y la prevista, las condiciones de la marea y las corrientes, y el estado de presteza del barco, al igual que la cantidad de tiempo que un barco necesita estar anclado.[3]

Para Nick, estudiar con mucho cuidado cada eslabón de la cadena es el modo en que se asegura de que toda la cadena sea fuerte y que soportará en las condiciones más duras. Si descubre un eslabón que es más débil, o que está roto, querrá cambiarlo inmediatamente y por otro eslabón nuevo y fuerte.

Al pensar en nuestra situación en el bote en Santorini, incluso si yo hubiera sabido anclar adecuadamente el bote, si cualquiera de los eslabones de la cadena hubiera estado débil o roto y hubiera cedido, nos habríamos encontrado alejándonos hacia aquellas vías marítimas. De esas experiencias he aprendido que, aunque Jesús es el ancla de nuestras almas, necesitamos eslabones fuertes en nuestra cadena para mantenernos conectados a Él.

NUESTRO ESLABÓN MÁS DÉBIL

Cuando me encontré perdiendo el rumbo, no había abandonado mi relación con Jesús, pero algunos de los eslabones de mi cadena que nos conectaban se habían debilitado. En algún lugar había dejado de ocuparme de ellos, de inspeccionarlos, y fortalecerlos cuando eran frágiles. Había dejado ir algo que antes había creído, algo que antes había atesorado, algo de lo que hablaré más en el capítulo siguiente, y las consecuencias fueron ineludibles; igual que son para todos nosotros.

+ Si descuidamos prestar atención a Dios, entonces nuestro corazón perderá el rumbo.

+ Si descuidamos prestar atención a nuestro cónyuge, entonces nos encontraremos desconectados.

+ Si descuidamos prestar atención a nuestros hijos, entonces experimentaremos distancia.

+ Si descuidamos prestar atención a nuestras amistades, entonces las encontraremos en tensión.

+ Si descuidamos prestar atención a nuestras finanzas, entonces nos encontraremos con deudas.

+ Si descuidamos prestar atención a nuestra salud, entonces nos pondremos enfermos.

+ Si descuidamos prestar atención a nuestro aprendizaje y crecimiento, entonces nos encontraremos estancados.

+ Si descuidamos prestar atención a nuestros pensamientos, entonces seremos cautivos de la mentira.

+ Si descuidamos prestar atención a nuestro descanso, entonces nos encontraremos agotados.

He oído decir que solo somos tan fuertes como nuestro eslabón más débil. Descuidar un eslabón débil puede marcar toda la diferencia en que nos mantengamos anclados o no. Por eso Dios quiere que comprobemos nuestros eslabones... para que podamos mantenernos conectados a Jesús. Cuando nos encontramos no donde esperábamos estar, no es Él quien se movió.

Somos nosotros quienes comenzamos a alejarnos. Sin duda, la mayoría de las veces no es intencionado, pero en algún lugar del camino no comprobamos nuestra ancla, de modo que, a pesar de nuestra seguridad de que estábamos anclados en Cristo porque le entregamos nuestro corazón, algo cedió.

> Cuando nos encontramos no donde esperábamos estar, no es Él quien se movió.

Eso es lo que quiero que exploremos a lo largo del resto de este libro. Quiero que comprobemos nuestros eslabones más vitales, que lo hagamos juntos, y fortalezcamos los que se han debilitado. Hablaré sobre eslabones que son comunes para todos nosotros. Juntos, veremos cómo nuestros eslabones se mantienen fuertes o se debilitan, y el modo en que pueden variar dependiendo de nuestras experiencias de vida únicas. También exploraremos cómo podemos crecer mediante esos momentos. Espero que, al abrirme y hablarte de cuando caí y cuando lo superé, cuando lo averigüé y cuando me desplomé sobre el piso, puedas avanzar con más sabiduría y fortaleza al atravesar todo lo que la vida lance a tu camino.

Dios nos ha situado a cada uno de nosotros aquí en la tierra con un propósito y para un propósito. Él tiene planes para que los cumplamos en cada edad y cada etapa de la vida. Pero si te encuentras en un lugar en el que quieres tocar la campana o te preguntas cómo llegaste hasta ahí, quizá necesitas un poco de ayuda para seguir adelante. Igual que me pasó a mí.

SABES QUE HAS PERDIDO EL RUMBO CUANDO...DEJAS DE CONFIAR Y COMIENZAS A CONTROLAR

[El cristiano] cree que Dios es demasiado sabio para errar y demasiado bueno para ser cruel; confía en Él donde no puede encontrarlo, lo mira a Él en la hora más oscura, y cree que todo está bien.

—Charles Spurgeon

Al estar de pie en medio del supermercado, mirando fijamente a las estanterías vacías, no pude evitar pensar que era todo surrealista. Después de recorrer varios de los pasillos, me alejé a un lado y respiré profundamente para asimilarlo todo. Secciones enteras del supermercado habían sido arrasadas. No había frijoles, ni arroz, ni pasta, ni latas de sopa, ni latas de tomates. Incluso la sección de la carne estaba totalmente limpia y vacía.

Había escuchado sobre las grandes compras en los supermercados, las bromas sobre acumular papel higiénico, pero verlo por mí misma fue algo totalmente distinto. La gente realmente estaba acumulando comida y provisiones como si no hubiera un mañana. Yo entendía el estar preparados para un terremoto y tener provisiones de emergencia; después de todo, vivíamos en el sur de California, pero esto era algo que nunca había visto en toda mi vida. Y sabía, en lo más profundo, que sucedía algo más que tan solo tener estanterías vacías en el supermercado. La gente estaba genuinamente temerosa.

En ese momento, una mujer mayor que yo deambulaba por el pasillo, y se detuvo delante de mí buscando obviamente alguna cosa. "Olivas, solo un bote pequeño…", musitó para sí. Mirando más allá de donde ella estaba a las estanterías donde normalmente estaban ubicadas las latas y los botes de olivas, me di cuenta de que yo había agarrado el último bote, aunque no era pequeño.

"Este". Me reí para animarme a mí misma y también a su frente arrugada. "Tome el mío. No es un bote pequeño, pero creo que era el último. Además, ¡usted tendrá olivas suficientes hasta que todo esto termine!".

"Oh, cariño, quédatelo".

"No, insisto. Soy griega, ¡y conozco la importancia de unas buenas olivas! Especialmente en tiempos desafiantes".

Cuando se rió conmigo, por un momento todo lo que se desmoronaba en el mundo estaba bien. Éramos tan solo dos mujeres en un supermercado, ayudándonos mutuamente y unidas por el amor por la comida. No dos mujeres peleándose por ingredientes en un momento de pánico del consumidor y crisis global.

"Gracias", me dijo. "Cuídese".

"Lo haré. Y usted también".

Al ver cómo se alejaba, pensé en el modo en que mi vida, y las vidas de todo el mundo, habían cambiado por completo en las dos semanas anteriores. El mundo entero había pasado de la normalidad a sufrir un cambio drástico. El COVID-19, un nuevo coronavirus, se había convertido en una pandemia global. Ahora, el efecto dominó que se produjo en todo el mundo estaba agarrando impulso. Más rápido de lo que pensábamos. Más rápido que nuestra reacción. Más rápidamente de lo que los gobiernos podían crear planes de prevención. Estar en un supermercado medio vacío era solamente uno de muchos indicadores de que estábamos en un mundo que cambiaba rápidamente, y teníamos que encontrar maneras de adaptarnos.

Me dirigí hacia las cajas de salida, y me situé en una fila. Una fila muy larga. Una fila que se extendía hasta llegar a uno de los pasillos, como si todo el mundo estuviera reforzando las compras para Acción de Gracias o alguna otra festividad. Ojalá fuera en ese caso. A medida que los pacientes clientes comenzaban a conversar, a mis espaldas, yo escuchaba. Hablando unos con otros, sin hablar a nadie en particular, y a veces incluso hablando en susurros, lo expresaban todo. Sus pensamientos ansiosos. Sus preocupaciones y sus oscuras previsiones. Era obvio que lo que se había difundido más rápidamente de lo que cualquier virus podría hacerlo nunca era el temor; y todo lo que produce ese temor. Preocupación. Duda. Ansiedad. Pánico. Terror. Incluso acumulación.

EL TEMOR QUERÍA CONTROLARME

Manejando hasta la casa desde el supermercado aquel día, no pude evitar pensar en las personas cuyas conversaciones había oído. La mujer cuya hija y yerno vivían en una de las ciudades más duramente golpeadas, y no podían salir. La mujer cuyo esposo estaba con oxígeno y era especialmente vulnerable. La mujer que estaba combinando su trabajo desde casa y la enseñanza de sus tres hijos, algo que nunca antes había hecho. El hombre de pocas palabras, aún vestido con su overol verde, que sostenía solo un puñado de productos. Él entendía probablemente más que el resto de nosotros. Quizá por eso tenía tan poco que decir.

Intentando ignorar cuán vacías estaban las calles, y queriendo librarme de tales preocupaciones, prendí las noticias. Hacía días que había decidido en mi mente que quería estar informada, no abrumada, pero ya estaba siendo más difícil tener una cosa sin la otra. Justo cuando sintonizaba, anunciaron una noticia de última hora. La orden de no salir con la que los medios habían estado especulando acababa de ser emitida por el gobernador. Entraría en vigor a la medianoche.

Pensando en nuestro barrio, mis preocupaciones se dirigieron hacia nuestras hijas, y mi corazón comenzó a latir con más rapidez. *¿Cómo les afectará a ellas? ¿Y si todo esto les marca? ¿Y si lo único que recuerdan es el dolor y el sufrimiento? ¿En una época tan fundamental de sus vidas?* De repente, igual que todas aquellas personas en la fila del supermercado, yo tenía mis propias razones para tener temor. Para estar ansiosa. Para estar consumida. Para perder el rumbo de un modo que no había sucedido en mucho tiempo.

En lo profundo de mi ser, sabía que no podía entrar en la casa en ese estado. Tenía que detenerme y recuperar las riendas. Por Nick. Por las niñas. Por mi propia paz mental. Tenía que anclarme a mí misma en Jesús, el único que podía evitar que perdiera el rumbo. De modo que, haciendo lo que había hecho miles de veces antes, y probablemente haría muchas veces más, puse mi mano sobre mi frente y comencé a hablar conmigo misma: "Christine, Dios no te ha dado un espíritu de temor sino de amor, de poder, y de dominio propio. Quizá no entiendes lo que está sucediendo, pero lo que sí sabes es que Dios nunca te ha fallado antes, y no va a comenzar a hacerlo ahora, de modo que sabes que puedes confiar en Él en este momento".

Entiendo que puedas pensar que es un ritual extraño, pero es una práctica que he desarrollado con los años. Cuando tengo una decisión que tomar. Cuando necesito respuestas en una situación difícil. Cuando mis pensamientos comienzan a desbocarse, mi corazón comienza a apresurarse, y me sudan las palmas de las manos. Cuando siento que todo está fuera de mi control, y el temor quiere tomar el control absoluto.

LA SENDA DEL "Y SI..."

Aquel día no sabía cuánto iban a empeorar las cosas antes de volver a mejorar, pero entré en la casa anclada con seguridad, calmada y lista para ser una fortaleza para Nick y para mis hijas, solo porque puse mi confianza en Dios… algo que nunca me ha resultado fácil. Algo que sé que no resulta fácil para muchos de nosotros porque confiar en Dios requiere intencionalidad y una decisión perpetua y repetida. No es algo pasivo sino activo, y nuestra confianza es probada con el tiempo y las dificultades.

Tenemos tendencia a pensar que confiamos en Él y que esa confianza es fácil *hasta que...* hasta que comenzamos a perder el control de las cosas en las que hemos trabajado tan duro para controlar, ya sean nuestros hijos, nuestro matrimonio, nuestro hogar, nuestros horarios, nuestras rutinas, nuestras

> Confiar en Dios requiere intencionalidad y una decisión perpetua y repetida. No es algo pasivo sino activo.

amistades, nuestra educación, nuestra carrera profesional, nuestros ahorros, o incluso nuestra vida espiritual, por extraño que esto pueda parecer. Pensamos que hemos alcanzado cierto nivel de madurez, pero si enfrentamos una crisis más grande o diferente a cualquier otra cosa que hemos enfrentado antes, nos damos cuenta de que tenemos más espacio para crecer. Más espacio para confiar.

La pandemia fue ciertamente algo así para mí, y no solo debido a mi preocupación por mi propia familia. Con diecinueve oficinas de A21 en todo el planeta, incluida la que está en California y que es la sede de nuestro equipo de Propel, siempre hemos trabajado en remoto con los miembros del equipo, pero nunca con cada uno de ellos, y con todos nuestros voluntarios, trabajando desde sus propios hogares. En ese momento había más de doscientas personas y, además de ellas, teníamos más de cien personas bajo nuestro cuidado que habían sido rescatadas del tráfico de seres humanos. Juntos, con nuestros gerentes de país, hicimos que funcionara, pero poco después, mientras nos íbamos adaptando a tantos cambios diariamente (a veces cada hora), mi mente quería descender a la senda del "y si…". Tú ya la conoces. Es una bifurcación en la carretera que ninguno de nosotros quiere tomar, pero cuando comienza a hablar, intenta convencernos de que vayamos a la izquierda cuando realmente queremos ir a la derecha. Sucede con cada decisión; con cada desafío; con cada revés; con cada crisis que nunca vimos llegar.

Con los años he aprendido que una de las señales que indican que podría estar alejándome de la confianza y moviéndome hacia el temor es cuando comienzan a llegar las preguntas que plantean el "y si", igual que sucedió aquel día en el auto. Cada vez, sé que puedo correr con ellas y comenzar a perder el rumbo, o detenerlas echando, y fijando, el ancla y confiando una vez más en Dios. Tengo la seguridad de que sabes exactamente de lo que hablo… cuando nuestras mentes llegan hasta allí.

+ *¿Y si* pierdo mi empleo?

+ *¿Y si* realmente hay algo grave en mi cuerpo?

+ *¿Y si* nunca me caso?

+ *¿Y si* no consigo terminar la escuela?

+ *¿Y si* no entro en la universidad que quiero?

+ *¿Y si* no puede pagar la escuela?

+ *¿Y si* me divorcio?

+ *¿Y si* los niños comienzan una pelea, otra vez?

+ *¿Y si* mis hijos se meten en problemas?

+ *¿Y si* el auto tiene una avería?

+ *¿Y si* el avión se estrella?

+ *¿Y si* alguien entra a robar en la casa?

+ *¿Y si* el mercado no deja de caer?

+ *¿Y si* perdemos todo aquello por lo que hemos trabajado tan duro?

Y si… y si… ¿y si…?

Cuando nuestros pensamientos comienzan a ser irracionales, cuando comienzan a arrastrarnos por una senda por la que nunca quisimos ir, cuando nos sentimos indefensos para detener el vendaval que se produce, no estamos confiando en Dios en el momento presente porque, en nuestra cabeza, estamos pensando en un momento del futuro. Y, si no tenemos cuidado, podemos pasar de la paz al pánico, del asombro a la preocupación, de la administración a malgastar, de la preparación a la improvisación, de la confianza al terror en cuestión de meros minutos. Es muy fácil, cuando comienzan los "y si", perder el rumbo no solo en nuestro pensamiento sino también en todo aquello a lo que afecta nuestro pensamiento: nuestra toma de decisiones, nuestro sano juicio, nuestras respuestas, nuestras creencias, nuestras emociones, nuestras perspectivas. Incluso en nuestro cuerpo físico.

Nuestro corazón puede acelerarse. Nos sudan las palmas de las manos. Podemos sentir un nudo en el estómago. Algunas veces, este alejamiento por pensar "y si" lo sentimos como un nerviosismo que no podemos quitarnos de encima. Una mente que no recuerda las cosas con la rapidez suficiente. Un tirón nervioso que no cesa. Rigidez en nuestro cuello o espalda que no se relaja. Pensamientos que no nos permiten dejar de temer por nuestra salud o por facturas que no podemos pagar, o por algo incluso más paralizante. Si alguna vez has tenido pensamientos de ansiedad tan grandes en tu interior que tuviste un ataque de pánico, o si eres dado a tenerlos regularmente, entonces sabes cuán fácilmente puede pasar nuestro cuerpo de la calma a la desesperanza, y de la tranquilidad al terror.

Yo he experimentado ese tipo de desesperanza antes, en ese período cuando quise tocar la campana. Me había rendido y me levanté de la cama tras una de aquellas noches de las que te hablé, cuando no podía dormir, y salí al balcón de nuestro cuarto para tomar el aire. Pero, en lugar de relajarme y permanecer en un lugar de confianza en Dios, comencé a darle vueltas otra vez en mi cabeza, y revivir el pasado solo me condujo a pensar en todos los "y si". Antes de darme cuenta me estaba alejando, y mi corazón latía con tanta rapidez que no podía alcanzarlo.

Poco después, mi cuerpo comenzó a temblar desde la cabeza hasta los pies; y no podía detenerlo. A pesar de lo que intentara. A pesar de lo mucho que me concentraba, o intentaba concentrarme. No servía de nada. Era como si mi cuerpo hubiera desarrollado una mente propia. Yo quería hacer una cosa, pero él había decidido hacer otra. Cuando llamé a Nick, mis dientes castañeteaban como si estuviera congelándome, y mi voz sonaba como un susurro para mis oídos. Aun así, él estaba a mi lado en un segundo, y me abrazó hasta que dejé de temblar. Hasta la fecha, no estoy segura de cuánto tiempo duró aquello, pero sí recuerdo su voz. Y lo que me dijo. Una y otra vez. "Te tengo".

¿No es eso lo que Dios nos está diciendo siempre? ¿De un modo u otro? Él nos ha prometido: "No te desampararé, ni te dejaré" (Hebreos 13:5; ver también Deuteronomio 31:6), y Dios cumple sus promesas (Hebreos 10:23). Aun así, ¿por qué es más fácil a veces ceder a nuestros "y si" que apoyarnos en Él? Él incluso promete guardarnos en perfecta paz si confiamos en Él y nuestros pensamientos permanecen en Él (Isaías 26:3). Y, sin embargo, nuestra tendencia es perder el rumbo.

LA CONFIANZA ES EL ESLABÓN MAESTRO

Para evitarnos a nosotros mismos perder el rumbo, hay momentos en los que necesitamos pulsar el botón de reinicio y asegurarnos de que estamos confiando en Dios más que en cualquier otra cosa y cualquier otra persona, incluidos nosotros mismos. Necesitamos comprobar regularmente los eslabones de nuestra cadena que nos conecta a Jesús, el ancla de nuestra alma, para que no nos encontremos perdiendo el rumbo sin darnos cuenta. Entonces, cuando llegue una crisis de cualquier tipo, ya sea financiera, relacional, emocional, espiritual,

> Necesitamos comprobar regularmente los eslabones de nuestra cadena que nos conecta a Jesús, el ancla de nuestra alma, para que no nos encontremos perdiendo el rumbo sin darnos cuenta.

profesional, de salud, o incluso una pandemia global, no estemos intentando echar el ancla en medio de la tormenta, cuando todas las olas son tan altas que están a punto de tragarnos. No nos ponemos a la par con respecto a confiar en Dios con todo nuestro corazón.

Pensémoslo de este modo: en una cadena de bicicleta normal, hay un único eslabón removible. Se llama eslabón maestro, aunque algunas veces se denomina eslabón rápido o eslabón de fuerza. Es el que mantiene en su lugar el resto de la cadena. Si quieres sacar la cadena, primero desconectas el eslabón maestro.[1] Espiritualmente, eso es la confianza en nuestras vidas. Es el eslabón maestro. Si no confiamos en Dios con todo nuestro corazón y en cambio nos apoyamos en nuestra propia inteligencia, entonces es más probable que perdamos el rumbo en alguna área. Pero si nuestro eslabón maestro está intacto, si confiamos en Dios y solamente en Dios, eso hace que todos los otros eslabones se mantengan en su lugar. Permite que sea más fácil mantenernos conectados a Dios en todos los aspectos donde Él quiere que estemos conectados a Él.

Para mí, confiar plenamente en Dios es poner toda mi confianza en Él, y en todo acerca de Él. De hecho, un diccionario bíblico define nuestra confianza como "un apoyo o reposo de la mente en la integridad, veracidad, justicia, amistad, otro principio sensato de otra persona".[2] Por lo tanto, cuando comienzo a dar vueltas con todos mis "y si", o comienzo a cuestionar a Dios y su bondad, entonces ya no estoy confiando en Él. Quizá cuando nos encontramos alejándonos de ese modo, para poder detenernos necesitamos reformular todas las preguntas que pasan por nuestra mente, en especial las que comienzan con *y si*... Quizá necesitamos echar el ancla planteando una pregunta fundamental: ¿en qué tipo de Dios creo?

¿Sentiste el cambio de perspectiva? En definitiva, poner nuestra confianza en Dios es una decisión. Hay momentos en que confiamos en Dios debido a lo que podemos ver, pero también hay momentos en los que tenemos que confiar en Dios a pesar de lo que vemos. Cuando tenemos que decidir escuchar las palabras de Proverbios 3:5 y confiar en el Señor "de todo corazón, y no en tu propia inteligencia". Yo creo en un Dios que es bueno, que hace el bien, y que hace que todas las cosas obren para mi bien independientemente de lo que se esté desmoronando a mi alrededor (ver Salmos 119:86; Romanos 8:28). Confío en el carácter de Dios. En la naturaleza de Dios. No importa si temporalmente me estoy derrumbando por dentro, y el mundo se derrumba a mi alrededor. Nada cambia quién es Él (ver Malaquías 3:6; Hebreos 13:8). No los problemas pequeños. Ni los problemas medianos. Ni siquiera los problemas de tamaño pandemia. Creo que hay momentos en los que, a fin de dejar de alejarnos, necesitamos regresar a lo que sabemos que es verdad acerca de Dios.

+ Dios es bueno (ver Salmos 119:68).

+ Dios es santo (ver 1 Pedro 1:16).

+ Dios es amor, y su amor permanece para siempre (ver 1 Juan 4:7-8; Salmos 136).

+ Dios es por nosotros (ver Romanos 8:31).

+ Dios se goza sobre nosotros con cánticos (ver Sofonías 3:14-17).

+ Dios es fiel a nosotros, y cumple todas las promesas que nos hace (ver Hebreos 10:23).

+ Dios pelea por nosotros (ver 2 Crónicas 20:15).

+ Dios es justo (ver Salmos 50:6; 1 Juan 1:9).

+ Dios es misericordioso y compasivo con nosotros (ver Salmos 86:15).

+ Dios es siempre bueno y presto a perdonar (ver Salmos 86:5).

+ Dios conoce todas las cosas (ver Salmos 139).

+ Dios no comete errores (ver Salmos 18:30).

+ Dios está sobre el trono (ver Hebreos 8:1).

+ Dios está en control (ver Isaías 14:24).

Y podría continuar. Después de más de treinta años de seguir a Jesús, todavía hay mucho que no entiendo, pero los caminos de Dios no son mis caminos, y sus pensamientos no son mis pensamientos. De hecho, la Biblia dice que ambos son más altos (ver Isaías 55:9). Por lo tanto, mi punto de partida a la hora de atravesar cualquier confusión que pudiera tener es que Dios es Dios, y yo no lo soy. Si no entiendo algo que Dios está haciendo, eso no sugiere que haya algún problema con Dios. Significa que yo no lo entiendo. Al menos, no en el momento. En raras ocasiones tenemos el cuadro general; es como si estuviéramos sosteniendo una pieza del rompecabezas, y Dios sostiene las otras 999 piezas que nosotros ni siquiera sabemos todavía que existen. No podemos ver todo lo que Él está haciendo; pero solo porque no podemos ver todas esas cosas, porque no podemos rastrear a Dios, no significa que no deberíamos confiar en Dios y creer en cambio que Él no está obrando.

CONFIAR EN DIOS O CONTROLAR NUESTRO MUNDO

A todos nos afectan los "y si…" de algún modo (físicamente, mentalmente, emocionalmente, relacionalmente y espiritualmente), y comenzamos a perder el rumbo. Para mí, una de las mejores maneras de saber que estoy a punto de perder el rumbo es cuando quiero claramente tomar el control de algo. Es como mi propia prueba de fuego personal. Sin duda, nunca pensamos que intentamos controlar hasta que no podemos controlar precisamente lo que queremos controlar.

Yo no quiero ser así a propósito, pero siempre he sido el tipo de persona que tiende más a tomar los asuntos en mis propias manos que a confiar en Dios. Eso se muestra en mi vida cuando me enfoco demasiado en que las personas actúen de maneras predecibles, en que me guste que las cosas se hagan de cierto modo y que todo esté en su lugar. Sin intención de hacerlo, puedo llegar a obsesionarme con horarios y planes. Supongo que se podría decir que, sin Jesús, puedo ser una loca del control, pero para ser sincera, no carece totalmente de razón. Tras años de hacer el trabajo duro de aprender a confiar en Dios en todo lo desconocido, de aceptar el dolor de la sanidad y la recuperación una y otra vez, he llegado a entender que algunas de mis tendencias controladoras tienen su origen en mecanismos de afrontamiento que desarrollé al provenir de un trasfondo de abuso sexual.

Aun así, Dios me invita a confiar en Él. ¿Y qué de ti? ¿Tiendes a comenzar a controlar cuando realmente deberías confiar en Dios? Puede colarse en nuestras vidas de maneras muy sutiles. Por ejemplo, ¿sabías que preocuparnos demasiado por lo que la gente piense de nosotros puede ser una señal de control? Por mucho que nos gustaría, no podemos controlar lo que los demás piensan de nosotros y, aun así, lo seguimos intentando. Ha habido veces en las que me ha preocupado demasiado lo que pensaban los demás, y he tenido que soltar todo eso y confiar más en Dios.

Otro modo en que podemos comenzar a controlar es cuando apartamos nuestra confianza de Dios para apoyarnos en nuestras propias habilidades, talentos o dones. Dios nos ha dado generosamente a cada uno de nosotros atributos suficientes para servirlo a Él y servir a los demás, pero es muy propio de nosotros poner nuestra confianza en esos atributos y después esperar el tipo de resultados que solamente Dios puede dar. El control puede ser muy engañoso. ¿Cuántas veces nos hemos encontrado decepcionados, desilusionados o descorazonados porque algo no salió del modo en que esperábamos? Todo porque pensábamos, el cierto nivel, que podíamos controlar cada aspecto de un proyecto o un sueño, al igual que el resultado. Sin ninguna duda, hay veces en las que tenemos que renunciar a cómo imaginamos que algo debería verse y cambiarlo por el cuadro más grande de Dios; confiar en que, aunque quizá sabemos que cierta dirección es la voluntad de Dios, el modo en que se desarrollen todos los detalles le corresponde a Él.

He descubierto que podemos trabajar en un equipo, haciendo lo posible por trabajar juntos como equipo, y aun así intentar controlar; como cuando olvidamos fomentar la cooperación y comenzamos a demandar cumplimiento.[3] Podemos comenzar a controlar en nuestras amistades y avivar el drama, pero, cuando lo hacemos, dejamos de ser el tipo de lugar seguro que queremos ser. ¿Y qué decir sobre nuestra crianza de los hijos? Es muy importante amar a nuestros hijos incondicionalmente y expresar libremente ese amor, sin valorar lo que hacen por encima de quiénes son.[4] Aun así, es fácil deslizarnos hacia presionarlos a que desempeñen bien. Incluso en nuestro matrimonio, podemos comenzar a controlar y manipular, dando el trato del silencio o lanzando comentarios pasivo-agresivos, intentando conseguir que nuestro cónyuge haga algo por nosotros debido a la culpabilidad.[5] Sin importar en cuál de nuestras relaciones tengamos más tendencia a intentar controlar, eso nunca funciona.

Lo que tenemos que aceptar es que todo el mundo nos va a decepcionar en algún momento, especialmente si esperamos de ellos lo que solamente Dios puede darnos, y eso está bien. Necesitamos quitar esa responsabilidad de los hombros de nuestros jefes, compañeros de trabajo, cónyuge, hijos y amigos. Yo le he dicho muchas veces a Nick, pero principalmente para poder oírlo para mí misma: "Tú no eres Dios". No es un insulto para él sino un recordatorio para mí de que nadie puede darnos lo que solamente Dios puede darnos. Es el modo que tengo de soltar la presión.

En algún punto, tenemos que rendir nuestros intentos de controlarlo todo y a todos, y aprender a poner toda nuestra confianza en Dios. Aun así, entiendo que hay ocasiones en las que es más fácil hacer como Carrie Underwood y cantar "Jesús, toma el volante" en lugar de realmente soltarlo y darle a Él todo el control. Estoy muy agradecida porque Dios nunca nos da la espalda. Sin importar cuántas veces tomemos las cosas en nuestras propias manos.

FE "Y SI NO"

He descubierto que, cuando vivimos en el ámbito de los "y si", pensando en lo que podía suceder y después intentando controlar todo lo que podamos, lo que hacemos es intentar vivir en el futuro y no en el presente. Estamos cediendo a nuestros temores y estamos enfocados en el futuro.

Al mismo tiempo, si estamos viviendo por fe, lo cual todos los cristianos nos esforzamos por hacer, entonces también nos estamos enfocando en el futuro. ¿Cuántas veces hemos oído a nuestros pastores desafiarnos a dar un paso de fe? ¿Retándonos a orar y confiar en Dios para la respuesta? ¿No hace eso que nuestra mente y nuestro corazón se enfoquen en el futuro? ¿No hace que nos volvamos más expectantes? ¿No es eso lo que significa tener fe? Sí, por supuesto. "Es, pues, la fe la certeza de lo que se espera, la convicción de lo que no se ve" (Hebreos 11:1). Pero ¿qué hacemos mientras esperamos lo que espera nuestra fe? ¿Con qué tipo de fe trabajamos mientras tanto? ¿Cómo confiamos en Dios en el presente mientras atravesamos cualquier cosa incontrolable que estemos atravesando?

Tanto el temor como la fe pueden hacer que nos enfoquemos en el futuro, pero hay un tipo de fe en la que Dios quiere que caminemos todo el tiempo; y *al mismo tiempo* que con nuestra fe enfocada en el futuro. Se encuentra en el libro de Daniel, cuando el rey Nabucodonosor quiso castigar a tres jóvenes hebreos por no postrarse y adorar una estatua de oro que él había ordenado. Contrariamente a muchos de los hijos de Israel que vivían en la cautividad en aquella época, Sadrac, Mesac y Abed-nego sabían confiar en Dios con todo su corazón, pero debido a que desobedecieron el edicto del rey de adorar a un dios falso, fueron arrestados y llevados delante de él.

> Habló Nabucodonosor y les dijo: ¿Es verdad, Sadrac, Mesac y Abed-nego, que vosotros no honráis a mi dios, ni adoráis la estatua de oro que he levantado? Ahora, pues, ¿estáis dispuestos para que al oír el son de la bocina, de la flauta, del tamboril, del arpa, del salterio, de la zampoña y de todo instrumento de música, os postréis y adoréis la estatua que he hecho? Porque si no la adorareis, en la misma hora seréis echados en medio de un horno de fuego ardiendo; ¿y qué dios será aquel que os libre de mis manos? (3:14-15)

Su respuesta revela cuán profundamente confiaban en Dios y el tipo de fe que tenían.

Sadrac, Mesac y Abed-nego respondieron al rey Nabucodonosor, diciendo: No es necesario que te respondamos sobre este asunto. He aquí nuestro Dios a quien servimos puede librarnos del horno de fuego ardiendo; y de tu mano, oh rey, nos librará. *Y si no*, sepas, oh rey, que no serviremos a tus dioses, ni tampoco adoraremos la estatua que has levantado. (vv. 16-18, énfasis de la autora)

Quizá estás familiarizado con el resto de la historia. Nabucodonosor dio la orden de calentar el horno siete veces más de lo acostumbrado; entonces ordenó a sus mejores soldados que ataran a los tres jóvenes y los lanzaran dentro del horno. Los soldados murieron quemados en el proceso, pero los tres jóvenes que pusieron su confianza en Dios ni siquiera quedaron señalados. Cuando Nabucodonosor miró dentro del horno, exclamó: "He aquí yo veo cuatro varones sueltos, que se pasean en medio del fuego sin sufrir ningún daño; y el aspecto del cuarto es semejante a hijo de los dioses" (v. 25).

Nunca deja de alentarme, cuando camino en medio de una prueba feroz, el recordar que Jesús estaba con ellos en medio del fuego, y que Jesús está conmigo en el fuego. Él ha prometido nunca abandonarme ni desampararme, y nunca lo hace (ver Deuteronomio 31:6; Hebreos 13:5).

Para mí, la mejor parte de esta historia siempre será la confianza inquebrantable en Dios y solamente en Dios. Ellos no solo confiaron en que Dios podía rescatarlos en el fuego; confiaron lo suficiente para decir: "*Y si no*, sepas, oh rey, que no serviremos a tus dioses, ni tampoco adoraremos la estatua que has levantado".

¡Y si no! Ese es el tipo de fe que Dios quiere que tengamos todo el tiempo. La fe "y si no" es la que nos mantiene amarrados cuando estamos en medio de una crisis, cuando no entendemos lo que está sucediendo, cuando nuestra situación es dolorosa, confusa, desmoralizante, desalentadora, frustrante. La fe "y si no" nos guarda de perder el rumbo. Nos ancla. ¡Es fe del *ahora*! Es fe para el momento presente y para cualquier prueba feroz que atravesemos. Quizá te has enterado de que no puedes graduarte a tiempo. Tal vez te han dado un mal diagnóstico. Quizá has perdido a un amigo querido. Tal vez perdiste tus ahorros o tu negocio. Quizá has perdido a alguien a quien amabas mucho. Y el dolor que sientes es algo que nunca has conocido y algo que nunca quieres volver a sentir. El único tipo de fe que te sostendrá es la fe "y si no".

Dios quiere que tengamos fe enfocada en el futuro y también fe "y si no", y quiere que vivamos en la tensión de ambas. Por ejemplo, la Biblia nos dice que esperemos la segunda venida de Jesús, que nos mantengamos alerta, que estemos expectantes de que Él desvanezca los cielos (ver Apocalipsis 6:14-16). Pero, al mismo tiempo, ¿cómo se supone que debemos vivir aquí en la tierra en medio de todos los fuegos por los que caminamos? Porque, seamos sinceros, siempre estamos entrando en algún fuego, estamos en medio de un fuego, o vamos saliendo de otro. Quedarnos sentados esperando a que Jesús acuda a rescatarnos no va a equiparnos para atravesar los fuegos, pero sí lo hará la fe "y si no". La fe "y si no" ve la vida de esta manera:

+ *Y si* me divorcio, aun así, confiaré en Dios.

+ *Y si* no puedo terminar los estudios ahora, aun así, confiaré en Dios.

- *Y si* el médico llama y hay algo que va gravemente mal, aun así, confiaré en Dios.

- *Y si* pierdo mi empleo, aun así, confiaré en Dios.

- *Y si* no me caso, aun así, confiaré en Dios.

- *Y si* no puedo tener hijos, aun así, confiaré en Dios.

- *Y si* pierdo esa amistad, aun así, confiaré en Dios.

- *Y si* nunca puedo dejar de trabajar, aun así, confiaré en Dios.

- *Y si* pierdo todo aquello por lo que he trabajado tan duro, aun así, confiaré en Dios.

Y si no… Y si no… Y si no… Ese es el nivel de confianza y el tipo de fe en Dios que yo quiero tener. ¿Y tú?

- *Y si* Dios no parece responder mis oraciones, aun así, confiaré en Él.

- *Y si* Dios responde mis oraciones con un no, aun así, confiaré en Él.

- *Y si* las respuestas a mis oraciones tardan años en llegar, aun así, confiaré en Él.

- *Y si* no puedo ver la mano de Dios, aun así, confiaré en Él.

- *Y si no* … aun así, confiaré en Él.

EL REGALO DEL LAMENTO

No sé a quién acudes cuando necesitas a alguien que te escuche, cuando estás intentando darle sentido a algo que sucede, y quieres caminar en fe del tipo "y si no" pero te resulta difícil hacerlo. Cuando mi mente está acelerada y necesito quitarme un peso de encima, normalmente acudo a Nick o a algunas de mis queridas amistades, ya que son ellos quienes me han ayudado más cuando he necesitado mirar a Jesús y fijar mi ancla una vez más. Quizá en tu caso sea tu mamá, una tía favorita, o tu mejor amigo. Para mí, lo que ha sido especialmente difícil, sin embargo, fueron las veces en las que el peso que tenía encima era tan profundo, tan doloroso, o tan difícil de entender que necesitaba algo más de lo que Nick o mis amistades podían darme; como cuando quise tocar la campana. En esas ocasiones, he necesitado algo más para ayudarme a soltar todos mis "y si" para poder encontrar mi camino hacia tener fe del tipo "y si no". Y ese algo que he descubierto es un tipo de oración a la que la Biblia se refiere como *lamento*.

> He descubierto que una cosa es conversar con Dios y quizá otra cuando realmente somos totalmente sinceros y derramamos nuestro corazón delante de Él.

Aunque oro cada día, he descubierto que una cosa es conversar con Dios y quizá otra cuando realmente somos totalmente sinceros y derramamos nuestro corazón delante de Él; cuando le entregamos los niveles más profundos de nuestro verdadero yo y le contamos todo. Incluso las cosas difíciles. Especialmente las cosas difíciles. Es parte de cómo llegamos desde donde estamos hasta ese lugar de fe "y si no". Este tipo de honestidad, este *lamento*, lo vemos reflejado largo de la Biblia.[6] De hecho, una tercera parte de los Salmos son cantos o poemas de lamento. El libro de Lamentaciones es un libro entero lleno de lamentos. Son cinco poemas que expresan la angustia ante la destrucción de Jerusalén en el año 587 a. C.

En el Nuevo Testamento, Jesús se lamentó.[7] Se angustió por Israel. Lloró sobre Jerusalén (ver Lucas 19:41-44). Derramó lágrimas por Lázaro (ver Juan 11:35). Antes de su arresto y crucifixión, en el huerto de Getsemaní, oró tres veces a su Padre celestial, y su sudor caía como si fuera gotas de sangre hasta la tierra (ver Lucas 22:44). "Padre mío, si es posible, pase de mí esta copa; pero no sea como yo quiero, sino como tú" (Mateo 26:39). Y desde la cruz clamó: "Dios mío, Dios mío, ¿por qué me has desamparado?" (Mateo 27:46).

Cuando pienso en estos pasajes, veo a Jesús demostrando ante nosotros lo que es ser sinceros con nuestro Padre, estar rendidos a nuestro Padre, estar en un lugar de fe, dispuestos a avanzar pero reconociendo la lucha o el dolor, todo ello al mismo tiempo. Veo a Jesús lamentándose y dándonos permiso para lamentarnos también. Lo veo a Él dispuesto a sentir lo que nosotros sentimos, dispuesto a lamentar a nuestro lado cuando las cosas no salen como esperamos. Lo veo como humano incluso aunque Él es divino (ver Isaías 9:6; Juan 1:1-14; Colosenses 2:9).

Lamentar significa "dolerse; llorar o sollozar; expresar tristeza".[8] Solo leer esas palabras me dice que probablemente no será hermoso, y por lo que he leído en la Biblia (en los Salmos y en los relatos de Jesús), entiendo que incluso podría ser ruidoso y parecer un tormento, o salir de nosotros como si fuera una "ira furiosa".[9] Parece que tenemos todo el permiso para clamar y gritar, y perder los estribos. Cuando leo sobre lamento, es algo externo y que se demuestra, no algo tranquilo y controlado. Surge desde un lugar profundo en el interior de nuestra alma.

El verdadero lamento es una forma de oración y rendición. Es una forma de adoración porque acude *a* Dios en lugar de *alejarse* de Dios. Muchas veces, cuando enfrentamos dolor, nos vamos por otro camino. Nos distanciamos. El lamento no se distancia. El lamento se acerca. Y, cuando lo hace, no acusa al carácter de Dios sino que se refugia en su carácter. No dice: "Dios, tú no eres bueno", sino "Dios, no lo entiendo". No dice: "Dios, me alejo de ti porque no confío en ti", sino "Dios, acudo a ti porque confío".

El lamento es un sacrificio de adoración. Es una puerta hacia una confianza más profunda. Es una declaración: "Sin embargo, confiaré en ti... sin embargo, ¡te alabaré!". ¿Has estado alguna vez en la iglesia, adorando con todo tu corazón y derramándolo todo sobre el altar, y le dijiste eso a Dios? Yo lo he hecho muchas veces tras haber sufrido pérdida, traición, decepción, fracaso, sufrimiento, e incluso enfermedad. En esos momentos, lo que ha resultado no ha sido anti-fe o anti-esperanza; precisamente lo contrario. Me ha conducido a una mayor fe, mayor esperanza, y mayor confianza. Así es como he redescubierto mi gozo en un momento en el que no lo tenía.

Sin embargo, me pregunto si habremos sido conducidos a creer que, para ser un buen cristiano, necesitamos tener el control de nuestras emociones en todo momento, aunque los Salmos nos muestran que Dios quiere que derramamos todo delante de Él. Dios es nuestro lugar seguro. Él no se ofenderá si le decimos cómo nos sentimos o pensamos en realidad, porque de todos modos Él ya lo sabe, y es una señal de confianza que lo derramemos todo ante Él.[10] Si no lo llevamos todo delante de Dios, entonces se mostrará como toxicidad hacia otras personas o nos envenenará de dentro hacia afuera; o ambas cosas.

Antes de su crucifixión, Jesús dijo a sus discípulos "De cierto, de cierto os digo, que vosotros lloraréis y lamentaréis, y el mundo se alegrará; pero aunque vosotros estéis tristes, vuestra tristeza se convertirá en gozo" (Juan 16:20). Según mi experiencia, el lamento que mira a Dios no nos conduce a un pozo, sino a un lugar de mayor confianza. Nos hace reconocer nuestra desesperada necesidad de Dios, y su grandeza. Y nos lleva a un lugar de verdadera humildad.

El lamento es diferente al temor, la negatividad o la desesperanza. Es algo más que solamente llorar, aunque al lamentar sí que lloramos. Como dijo el autor y profesor cristiano N.T. Wright: "Lamento es lo que sucede cuando la gente pregunta por qué y no recibe una respuesta. Es donde llegamos cuando vamos más allá de nuestra preocupación egocentrista por nuestros pecados y fracasos y miramos más ampliamente al sufrimiento del mundo".[11] Yo tengo varias cosas en mi vida acerca de las cuales le he preguntado a Dios por qué, y después de varios años sigo sin entender, y todavía no tengo respuestas. Hasta la fecha, no creo que esas situaciones sean justas, y siento que no están resueltas en mi corazón. Aun así, confío en Él, pero solo porque tomé el tiempo para lamentar.

Lo llevé todo delante de Dios, creí que Él es bueno, y le pedí que llenara la brecha existente entre lo que yo creo y cómo me siento, y Él lo hizo. Tuve que llegar una vez más al lugar donde mi fe no está basada en obtener la respuesta sino en confiar en el corazón de Dios. ¿Puedes ver cómo el lamento es realmente una postura de fe y confianza porque sale de una creencia en que Dios es bueno y que Dios se interesa? Como creyentes que vivimos por fe, lamentar es el modo en que atravesamos esos espacios intermedios en los que estamos esperando, perseverando y confiando a pesar de todo lo que no podemos ver. Es cuando peleamos "la buena batalla de la fe" a un nivel profundamente personal (ver 1 Timoteo 6:12).

No es extraño que sea nuestra confianza la que es más desafiada en todo lo que enfrentamos. Cuando nos encontramos con problemas de cualquier tamaño que no tienen una solución humana, es muy fácil mirar al cielo y decir: "Dios, ¿por qué no haces algo con respecto a esto?". Yo misma lo he dicho, cuando he caminado por lugares muy oscuros en países donde he visto a niñas y niños ser utilizados para mendigar, vendidos como esclavos sexuales, o forzados a la servidumbre doméstica. Ha sido difícil no ver tales injusticias y preguntar a Dios: *¿dónde estás?* Vivimos en un mundo donde hay tanto dolor, sufrimiento, tristeza, pérdida, enfermedad, corrupción, crimen, violencia y odio, que es muy fácil a veces rebelarnos en nuestro corazón y cuestionar a Dios y su bondad. Pero, en esos momentos, ¿no es nuestra confianza la que está siendo sacudida? ¿No es esa la razón de que comencemos a perder el rumbo?

Con el trabajo de A21, si yo no supiera lamentar, nunca podría dormir en la noche. Pero debido al lamento, puedo entregar a Dios todas esas cargas; Él puede llevar lo que yo no puedo. Puedo tomar todo mi sufrimiento por los millones de víctimas de tráfico humano a las que aún no hemos alcanzado y entregárselo a Dios; entonces puedo regocijarme por las decenas que recientemente han sido rescatadas. Mis hombros no son lo suficientemente anchos para manejarlo de cualquier otro modo, para cargar todo lo que está mal en este mundo y mantenerme en un lugar de confianza en Dios. Tengo que dejarlo todo a sus pies y, cuando lo hago, reconozco y entiendo que no estoy sola en el sufrimiento. Nunca lo he estado, y nunca lo estaré.

Cuando incluimos el regalo del lamento en nuestra vida espiritual, caminamos en fe enfocada en el futuro y en fe "y si no".[12] Caminamos expectantes del futuro y participando plenamente en el presente. Como muchos teólogos, N.T. Wright se refirió a esto como vivir en "el ya y el aún no".[13] Es ahí donde descansa nuestra esperanza, en ese lapso de tiempo entre lo que es y lo que será.

A mí me ayuda pensarlo de este modo: cuando Jesús vino a la tierra, declaró que el reino de Dios se había acercado, queriendo decir que lo trajo con Él, y entonces lo demostró (ver Marcos 1:14-15). Él abrió ojos ciegos, sanó oídos sordos; habló, y quienes eran paralíticos caminaron. Multiplicó alimentos.

Ordenó a las fuerzas del mal que se alejaran... y lo hicieron. Incluso resucitó muertos. Cuando Jesús vino, el reino de Dios entró en el aquí y ahora con poder.[14]

Sabemos que todo eso es verdad bíblica, y creemos que Jesús sana y hace milagros de todo tipo, incluso en el presente, pero somos igualmente conscientes de que la plenitud de lo que será no es todavía; que todo lo que debería ser por diseño de Dios será en el cielo nuevo y tierra nueva. Lo que eso significa es que vivimos en un mundo, en comunidades y en familias donde las personas se enferman, donde las relaciones se fracturan, y donde las pandemias pueden barrer toda la tierra. El reino de Dios es ya y aún no.

Y cuando experimentamos la brecha existente entre lo que es y lo que será, es entonces cuando más necesaria es la confianza. Cuando un ser querido no es sanado. Cuando nuestra oración no es respondida del modo en que esperábamos, del modo en que pedimos. Cuando nos quedamos sin recursos. Cuando estamos esperando. Cuando nos dolemos. Cuando sufrimos. Cuando nos falta comprensión. Cuando lo que vemos, y lo que experimentamos a nuestro alrededor, se contradice con lo que leemos en su Palabra, necesitamos confianza. ¿Confiamos en Él y en lo que Él dice? ¿O confiamos en lo que vemos y entendemos? Si nuestra confianza en Dios está limitada a nuestra propia comprensión, entonces en realidad hemos hecho un dios de nuestro entendimiento y hemos dejado de adorar al Dios verdadero. Si aceptáramos la tensión de vivir en "el ya y el aún no", entonces podríamos crear espacio para que Dios sea Dios y para que nosotros crezcamos

> Cuando experimentamos la brecha existente entre lo que es y lo que será, es entonces cuando más necesaria es la confianza.

en fe "y si no". ¿Acaso no es eso lo que verdaderamente queremos? ¿Confiar más en Dios y crecer en nuestra fe? Yo así lo creo.

Es importante recordar que, sin importar lo que suceda en nuestra vida, nuestra fe agrada a Dios (ver Hebreos 11:6). Nuestra fe enfocada en el futuro y nuestra fe "y si no". Es lo que nos hace avanzar. La fe es lo que nos transforma de ser creyentes incrédulos a ser creyentes que creen. De no confiar en la bondad de Dios a confiar de nuevo plenamente en Él; cualesquiera que puedan ser nuestras circunstancias presentes. ¡Qué regalo tener fe "y si no"!

Qué libertad entender que, *incluso si* sentimos temor, aun así, podemos confiar en Dios. *Incluso si* nos sentimos inseguros, podemos seguir confiando en Dios. *Incluso si* sentimos ansiedad, podemos confiar en Dios. *Incluso si* nos sentimos totalmente fuera de control, podemos confiar en Dios. *Incluso si* nos sentimos decepcionados, aun así, podemos confiar en Dios. *Incluso si* nos sentimos traicionados, aun así, podemos confiar en Dios. *Incluso si* hemos cometido un error, podemos seguir confiando en Dios. No tenemos que alejarnos, *incluso si* nuestros sentimientos intentan hacerlo, si nos mantenemos anclados en Jesús y mantenemos nuestra confianza en Él.

Si aprendimos algo del coronavirus en 2020, fue que nosotros no podíamos controlar el futuro; y lo que observé personalmente más que ninguna otra cosa fue que las personas con una fe "y si no" lo atravesaron de un modo completamente diferente a quienes siguieron dando vueltas en los "y si…". Cada una de las personas con fe "y si no" con las que hablé me recordaron a los héroes de la fe, los que se mencionan en Hebreos 11: Abel, Enoc, Noé, Abraham, Sara, de los que la Biblia dice: "Conforme a la fe murieron todos éstos sin haber recibido lo prometido" (v. 13). En cambio, "mirándolo de lejos, y creyéndolo, y saludándolo, y confesando que eran extranjeros y peregrinos sobre la tierra" (v. 13).

Como los héroes de la fe, recordemos que simplemente estamos de paso. Este no es nuestro hogar eterno.

Mas nuestra ciudadanía está en los cielos, de donde también esperamos al Salvador, al Señor Jesucristo; el cual transformará el cuerpo de la humillación nuestra, para que sea semejante al cuerpo de la gloria suya, por el poder con el cual puede también sujetar a sí mismo todas las cosas. (Filipenses 3:20-22)

Como somos nuevas criaturas en Cristo Jesús, nuestra ciudadanía legal está en los cielos (ver 2 Corintios 5:17). Nuestros nombres están incluidos en un registro allí (ver Lucas 10:20; Filipenses 4:3; Apocalipsis 3:5; 13:8; 21:27). Podemos ser residentes aquí, pero somos simplemente residentes temporales, peregrinos que están de paso, y mientras estemos aquí en la tierra, nos mantenemos anclados en Jesús confiando en Él, y lamentando cuando necesitemos hacerlo para así seguir confiando en Él. Ese es el modo en que evitamos perder el rumbo en el dolor, en la decepción, en el sufrimiento del ya y el aún no. Es la manera principal en que nos mantendremos en un lugar de fe "y si no" hasta el día en que seamos llevados a nuestro hogar eterno.

Y, a medida que lo hacemos, ponemos nuestros ojos en el día que llegará. El día del que está escrito en Apocalipsis 21:

Después vi un cielo nuevo y una tierra nueva, porque el primer cielo y la primera tierra habían dejado de existir, lo mismo que el mar. Vi además la ciudad santa, la nueva Jerusalén, que bajaba del cielo, procedente de

Dios, preparada como una novia hermosamente vestida para su prometido. Oí una potente voz que provenía del trono y decía: «¡Aquí, entre los seres humanos, está la morada de Dios! Él acampará en medio de ellos, y ellos serán su pueblo; Dios mismo estará con ellos y será su Dios. Él les enjugará toda lágrima de los ojos. Ya no habrá muerte, ni llanto, ni lamento ni dolor, porque las primeras cosas han dejado de existir». (vv. 1-4, NVI)

Acerca de ese día, Jesús ha dicho: "Hecho está" (v. 6). Cuando Jesús dice que algo está hecho, lo está. No es que estará. Lo está. Por lo tanto, levanta tu cabeza porque tu futuro con Él, tu futuro en Él, está asegurado. Ese día está llegando. Es seguro. Es incuestionable.

3

SABES QUE HAS PERDIDO EL RUMBO CUANDO...DEJAS DE SANAR Y COMIENZAS A SUPURAR

La sanidad requiere valentía, y todos tenemos valentía, incluso si tenemos que cavar un poco para encontrarla.

—Tori Amos

"¡Nick! ¿Qué pasó?". Medio me quejaba y medio chillaba a la vez que salía corriendo hacia él. Había oído que la puerta se abría de par en par, y estaba a punto de preguntar cómo habían ido sus aventuras manejando cuando levanté la vista y vi la sangre que caía por su pierna, que cubría la parte superior de su zapato y dejaba un rastro tras él. Al ser un poco aprensiva al ver sangre, lo único que podía hacer era no cerrar los ojos y gritar que alguien llamara al 911. Sin duda, eso no había sido lo más racional; pero ¿quién dice que tenemos que ser racionales cuando la sangre de alguien está por todo el piso? Creo que me merecía un pase en ser racional en ese momento. De algún modo reuní las fuerzas y me acerqué a él antes de tener tiempo para pensar en alguna otra idea débil e inestable.

Batallando por lograr situarme bajo su brazo y rodearlo con el mío, hice todo lo que pude para soportar parte de su peso.

"Vayamos a la cocina y echemos un vistazo", dije yo haciéndome cargo de la situación, aunque de buena gana habría delegado toda mi fuerza si hubiera habido otra persona que quizá tuviera más estómago para eso. Fuimos a tropezones hacia la parte trasera de la casa. No estoy segura de si pudimos caminar con algún ritmo, pero tras un paseo muy irregular, nos las arreglamos para que él se apoyara en uno de los taburetes al lado de la isla central en la cocina.

Agarrando otro taburete, le ayudé a que pusiera la pierna sobre él, y todo mientras seguía saliendo sangre. Intentando mantener la calma y que mi cerebro pensara a toda marcha, rodeé la isla, agarré un paño de cocina limpio, lo empapé de agua fría en el fregadero, y se lo lancé a Nick. Incluso con gesto de dolor, pudo atraparlo. Fui rápidamente al armario en la cocina donde están guardados todos los productos y suministros de primeros auxilios y medicinas básicas para la fiebre o dolores de estómago infantiles, y miré lo que había para poder utilizarlo. Los esparadrapos quedaron descartados rápidamente; también el spray para el picor, el gel de áloe, y las pastillas que yo había etiquetado como "para picadura de abeja". Sin duda alguna estábamos preparados, aunque no fuera para otra cosa, para que lo que pudiera suceder, pero me pregunté por un momento cuántos botes y cajas estaban caducados y había que tirarlos. No importa. No era ese el momento para organizar. (Puedo entusiasmarme por asegurarme de que hay un lugar para todo y que todo está en su lugar. Se ha sabido que lo tiro todo, desde juguetes para perros hasta tareas escolares).

Agarré lo que sería útil, y regresé a la isla. Nick seguía presionando el trapo de cocina con fuerza sobre la herida para detener la hemorragia, aunque ambos sabíamos que teníamos que mirar bien la herida y tomar una decisión. O bien íbamos a poder vendar la herida y cuidarla, o tendríamos que regresar a la puerta y subirnos al auto para ir a urgencias.

Dejé que Nick fuera el primero en mirar, mientras yo templaba mis nervios y decidía ser la mejor enfermera que pudiera. Seguí lentamente su mirada y me enfoqué en evaluar de modo preciso la herida. Observando que la hemorragia era mucho menor, Nick tenía la seguridad de que pronto se detendría y no tendríamos que ir rápidamente al hospital. Nick se crió con un papá que era médico, y había visto tratar muchas heridas. Estábamos de acuerdo en que era un mal corte, pero no tan profundo como para que no pudiéramos ocuparnos nosotros mismos. Tomaría algún tiempo para curarse, pero podríamos manejarlo, y él estaría bien.

No estábamos seguros de cuándo podría volver a montar en su bicicleta, pero yo conocía a Nick. Encontraría el modo, porque había un gran propósito en sus aventuras en la bicicleta de montaña.

Nick acababa de comenzar a entrenarse para una de las carreras ciclistas de montaña más desafiantes del mundo: la Cape Epic en Sudáfrica. Es una carrera de ocho días recorriendo más de 800 millas (1.300 km) de terreno indómito, con un ascenso vertical total de más de 50.000 pies, dependiendo de la ruta, que cambia cada año.[1] Había convencido a un equipo de buenos amigos para que participaran con él y recolectar dinero para el trabajo de A21.

La Cape Epic es uno de esos eventos de deporte extremo que es muy brutal, y para el que las personas se entrenan con años de antelación. Bueno, todos excepto Nick. Él comenzó con un año a futuro, y fue el segundo día que salió a entrenar por las colinas cercanas a nuestra casa cuando se cayó de cabeza por encima de su bicicleta. En algún lugar en el camino hacia su aterrizaje casi perfecto, se hizo un corte en la pierna con la bicicleta o con una piedra, no lo sabemos. Fue cuando se las arregló para regresar por sí solo a casa y entrar por la puerta cojeando.

Cuando comenzamos a limpiar su herida, poniéndole una crema antibiótica y vendándola, comenzó a contarme cómo sucedió: "Iba realmente bien, Chris. Con la mirada puesta hacia donde quería ir, mirando todo lo lejos posible y dejando que la bicicleta tuviera mucha libertad para poder volar sobre el terreno, como se supone que debo hacer. Pero entonces, sentí un golpe salido de la nada, y lo siguiente que sé es que salí volando por encima del manillar y aterricé en la tierra. Todo sucedió muy rápido. Sabía que cuando lo mirara no iba a ver algo bonito. Sentí que se me clavó algo en la pierna. Me alegro de no haberme roto nada".

Yo también me alegré.

Durante las dos semanas siguientes, cuidamos de su herida una y otra vez. Todas las mañanas y las noches seguíamos la misma rutina, cambiando el vendaje y comprobando el progreso de la curación. Mirábamos atentamente la herida buscando cualquier señal de infección; y Nick hizo todo lo posible para tomarlo con tranquilidad. Aunque intentaba caminar con normalidad, la mayor parte del tiempo iba cojeando o a saltitos sobre una pierna. Tenía cuidado de no apoyar demasiado peso en esa pierna, con la esperanza de que se curara completamente y la herida no volviera a abrirse.

CUANDO LAS HERIDAS DEL PASADO SUPURAN EN NUESTRO PRESENTE

Cuando la herida de Nick se curó por completo, él regresó a la vida normal. Ya no iba por la casa a saltitos. Ya no recordaba a nuestras hijas que tuvieran cuidado cuando lo abrazaban. No tenía que protegerla cuando se sentaba ante su escritorio y evitaba con mucho cuidado golpearse con una pata. Aun así, dejó una cicatriz; y también una zona más blanda. Más de una vez lo vi hacer un gesto de dolor cuando se golpeaba con algo justamente en el punto preciso.

Cada vez, yo siempre parecía hacer un gesto también.

Ocuparnos de la herida de Nick me hace pensar a menudo que estamos heridos de maneras que nadie puede ver. De maneras que no requieren puntos de sutura, ni cremas o vendajes. Que no requieren que vayamos corriendo a urgencias para que las traten.

Estoy segura de que sabes a qué tipo de heridas me refiero. Son las que nos han infligido al corazón y que nos han afectado mental, emocional y espiritualmente. Por un tiempo corto o largo. Son las heridas que no sangraban externamente, el tipo de herida que nadie parece observar. Esas que quizá nos vienen a la mente en este momento. Sé que yo sigo teniendo algunas que no he olvidado por completo; no porque no quiera hacerlo, sino porque son las que dejaron una zona blanda y tierna tan real como la de la pierna de Nick.

No conozco ninguna manera de categorizar nuestras heridas, especialmente las que nadie puede ver, pero algunas sin duda alguna sanan más fácilmente que otras, igual que las heridas físicas. Cuando la pierna de Nick se curó, siguió entrenando durante el año siguiente completo, y tuvo accidentes con su bicicleta varias veces a lo largo de los meses en que estaba aprendiendo a ser más ágil y diestro en el ciclismo de montaña. Algunas veces se levantaba casi sin heridas, solamente uno o dos arañazos, otras veces se sacudía un brazo despellejado o un pequeño corte, y había otras veces en las que añadía otro moratón. Pero nunca volvió a sufrir otro corte como el que se produjo ese segundo día de entrenamiento.

¿Y no es así la naturaleza de las heridas de nuestro corazón?

Creo que sí.

Cuando reflexiono en las heridas que mi corazón ha soportado, recuerdo las que me parecieron simples rasguños, y otras que parecieron dejar un moratón solo por un par de días. Cuando no era invitada o incluida. Cuando me pasaron por alto o me descartaron. Cuando no me entendieron o me representaron mal. Cuando alguien no tuvo cuidado con sus palabras, y me dejó sintiéndome enojada o un poco devaluada.

Pienso en las heridas que fueron más profundas y me tomó un poco más de tiempo dejar de atender. Como las veces cuando me sentí tratada injustamente. Cuando me ponían apodos de pequeña solo porque era griega e hija de inmigrantes. Cuando era tratada de modo diferente porque era una mujer. Cuando alguien me descalificaba debido a mi edad cuando era joven, y más adelante cuando fui más mayor.

También recuerdo las que parecieron tan dolorosas y tan intensas que tuve la sensación de que nunca sanarían. Si has leído alguno de mis libros, entonces conoces mi historia: que me dejaron sin nombre y sin ser deseada en un hospital por dos semanas antes de ser adoptada por unos padres amorosos, y después, cuando era pequeña, varios hombres abusaron de mí. Por muchos años. Incapaz de entender lo que sucedía. Sin estar segura de qué decir o cómo pedir ayuda. Me quedé quebrantada para seguir adelante en la vida lo mejor que podía.

Ser curada de esas heridas de mis primeros años de vida requirió años de mi vida adulta, y cuando escribí el libro *Inesperado*, parece que todavía había heridas residuales en mi corazón que Dios continúa sanando. Cuando mi mamá murió hace algunos años atrás, después de muchos años de sanidad, su fallecimiento desenterró muchos sentimientos extraños acerca de mi mamá biológica, una mujer a la que nunca he conocido, y Dios me mostró más lugares en mi corazón que Él quería atender. Quedé asombrada; pero, aunque algunas heridas parecen sanar rápidamente y por completo durante un período de nuestra vida, otras lo hacen gradualmente, poco a poco, capa a capa.

Quizá lidiar con algunos tipos de dolor al mismo tiempo sería más de lo que podríamos soportar. Tras ser sanada de muchos tipos diferentes de heridas en mi vida, incluidas algunas con capas, he aprendido a confiar en Dios con respecto al momento de la sanidad de cada herida. Y he aprendido que, cuando se producen desencadenantes y sacan a la luz otro lugar tierno y blando, necesitamos invitarlo a Él a que acuda una vez más. Dios promete sanarnos cada vez, ya sea una herida que sana rápidamente o por etapas, y Él siempre cumple sus promesas: "Él sana a los quebrantados de corazón, y venda sus heridas" (Salmos 147:3).

> Aunque algunas heridas parecen sanar rápidamente y por completo durante un período de nuestra vida, otras lo hacen gradualmente, poco a poco, capa a capa.

Para esos momentos que me han sorprendido, esos desencadenantes que parecieron salir de la nada, he aprendido a estar agradecida porque, cuando no somos sanados de nuestras heridas invisibles, ya sean grandes o pequeñas, invariablemente supuran; y eso es siempre una señal reveladora de que estamos perdiendo el rumbo. Que hemos dejado de acudir al Sanador para buscar sanidad. Que hemos perdido de vista el seguir a Cristo y anclarnos a nosotros mismos en Él del modo que Él quería.

NUESTRAS HERIDAS NECESITAN UN CUIDADO ADECUADO

Nuestras heridas espirituales, esos dolores insoportables que a menudo cargamos en nuestros corazones, necesitan tanto cuidado y curación como la herida física de Nick. Ya sean el resultado de las palabras descuidadas o las acciones irreflexivas de alguien; sea que surjan del rechazo, la traición, la calumnia o el abuso; sean infligidas por un maestro, mentor, líder, amigo o cónyuge; ya sea que parezcan estar integradas en nuestra historia y nos señalen debido a nuestros ancestros, nuestra etnia, nuestro color de piel, o alguna otra cosa que simplemente no podemos controlar; si no aprendemos a ocuparnos adecuadamente de nuestras heridas para que puedan sanar, entonces finalmente supurarán.

Nuestras heridas pueden supurar temor, inseguridad, vergüenza, amargura, frustración y enojo. Pueden causar que retengamos amor, misericordia, gracia y perdón. Pueden conducirnos a aislarnos y perdernos a nosotros mismos, o pueden impulsarnos hacia trabajar en exceso, pensar demasiado, o excedernos. Incluso pueden llevarnos a sentirnos profundamente deprimidos, listos para abandonar, totalmente desesperanzados.[2]

Esto es lo que le sucedió a una amiga mía, Jen, durante un período en su vida en el que estaba herida y supuraba; y sucedió de un modo que ella nunca esperó, de un modo que fue demasiado fácil. Fue al inicio de su carrera, cuando ella era una joven profesional, con sus estudios recién terminados y con ganas de agradar y aprender los protocolos y las políticas de la oficina. Ella había orado para obtener el empleo adecuado, el puesto correcto, donde pudiera mostrar con fuerza su fe en Jesús. Cuando Dios le dio el deseo de su corazón, estaba emocionada por la oportunidad de ser una luz para Cristo en el mundo empresarial.

Poco después de ser contratada, se ganó el privilegio de ser parte de un equipo de mercadotecnia en el que cada uno tenía que aportar todo su esfuerzo para que todos ellos tuvieran éxito; y todos lo hicieron, excepto una compañera de trabajo que siempre parecía encontrar el modo de hacer solo lo suficiente para salir adelante. Solo lo suficiente para que pareciera que había trabajado tan duro como todos los demás.

Cuando llegó el momento de ascender a uno de ellos a líder de equipo, la escogida fue la más "floja". Palabras de Jen, no mías. Sin saber cómo procesar ese golpe, fue difícil para Jen comprender que le habían pasado por alto para ese ascenso. Se sintió herida, enojada, ofendida, decepcionada, resentida. Jen lo sintió todo. Había trabajado duro, y quería el ascenso. Con muchas ganas. Lo habría entendido si otra persona del equipo hubiera sido escogida, y se habría alegrado por esa persona. Pero no por la que era floja. No podía entenderlo.

Jen había orado por ese empleo, y Dios había abierto las puertas y le había bendecido. Y eso hizo que la situación pareciera mucho más injusta y desigual. Esa era la evaluación de la que Jen no podía librarse. Lo que aún le quedaba por entender fue que aquello era una oportunidad para confiar en Dios; para confiarle el empleo y las oportunidades que Él le había otorgado. Para confiarle su corazón, y también su futuro.

Pero, mientras más lo pensaba, más profundamente sentía el dolor de no haber sido elegida. Lo que comenzó como una punzada, un arañazo o un moratón, se fue convirtiendo lentamente en el tipo de herida que necesitaba cuidados. En medio de su decepción comenzó a cuestionar a Dios, a alejarse de Él y confiar menos en Él. Quizá no conscientemente, pero en lo profundo de su ser no podía reconciliar por qué Dios permitía que alguien a quien consideraba indigna de ser ascendida fuera elegida por delante de ella. Pero, en lugar de invitar a Dios a sanar su corazón quebrantado, Jen intentó no pensar en la situación. Descuidó su corazón y siguió adelante. Era lo único que sabía hacer, porque nadie le había enseñado nunca cómo procesar espiritualmente sus heridas de un modo que condujera hacia la sanidad.

Cuando Jen llegó a su segundo empleo, ser pasada por alto se había convertido en una herida que supuraba de una manera que ella nunca imaginó. Tenía la piel un poco más fina, y la lengua un poco más afilada. Sus perspectivas eran un poco más insensibles, y su actitud negativa. Se convirtió en la muchacha en la oficina que juzgaba todo y a todos, que sentía que en cierto modo era su responsabilidad señalar a quien estaba equivocado y lo que estaba mal, y que parecía no poder encontrar en ella misma las ganas de celebrar cualquier cosa que los demás podrían celebrar.

Incluso sus publicaciones en redes sociales comenzaron a reflejar esa supuración. Ya fuera compartiendo citas de otras personas que reflejaba la misma negatividad que ella sentía, o utilizando ocasionalmente sus propias palabras para juzgar, las publicaciones de Jen servían como una plataforma más para airear su dolor personal.

En nuestro mundo #Instagramer, lo que Jen hacía era muy común y demasiado fácil. Estoy segura de que la mayoría de nosotros hemos publicado algo una vez u otra bajo el disfraz de ser "auténticos y transparentes" cuando en realidad era solo una cortina de humo para desahogar nuestras frustraciones, las cuales provenían todas ellas de un lugar de dolor y herida. Por lo que he observado, cuando eso sucede, en lugar de difundir la bondad de Dios en este mundo, normalmente terminamos sumando a la división y el dolor en nuestro interior y en el interior de otros. Simplemente herimos más en lugar de sanar. Lo sé porque yo misma lo he hecho.

En algunas ocasiones, cuando he publicado algo durante un periodo difícil, buenas amigas que vieron mis publicaciones y sabían que provenían de mi lugar de dolor, me llamaron. Me sugirieron con amor que las quitara, y yo lo hice. Es muy importante tener personas sólidas, leales y fieles en nuestras vidas que nos conocen y nos aman lo suficiente para protegernos de nosotros mismos. He aprendido que el número de personas a las que Dios me permite ayudar es el mismo número a las que puedo hacer daño. Entiendo que lo que digo y lo que publico realmente importa. He aprendido a pensar y orar por mucho tiempo antes de publicar cualquier cosa, porque quiero ayudar a sanar a la gente. No quiero agravar sus heridas que ya son dolorosas. Además de eso, algunas veces podemos engañar a los demás en cuanto nuestras intenciones, pero nunca podemos engañar a Dios. Él conoce el corazón que está detrás de nuestras palabras, y se interesa por él tanto como por las heridas en sí. Después de todo, es Él quien dijo: "Porque de la abundancia del corazón habla la boca" (Mateo 12:34).

Todo esto era algo que Jen tenían que entender todavía: que, cuando estamos heridos supuramos, y si supuramos, entonces estamos perdiendo el rumbo; e invariablemente estamos hiriendo a otras personas. De algún modo. De cierta manera.

No mucho tiempo después de que Jen comenzara a trabajar en su nuevo empleo, leyó un artículo en una revista cristiana que le hizo abrir los ojos. Le ayudó a verse a sí misma tal como era realmente: una persona herida que estaba supurando y haciendo daño a otros; una cristiana que amaba a Dios con todo su corazón, pero estaba perdiendo el rumbo. Fue entonces cuando hizo lo único que sabía hacer, que fue el mejor primer paso que cualquiera de nosotros podría dar jamás: pidió ayuda al Espíritu Santo.

"Sé que parece una locura", dijo ella, "pero hasta que me di cuenta de que estaba herida, hasta que le pedí a Dios que me sanara y obrara para destapar cómo me habían herido en un principio, pensaba genuinamente que estaba ayudando. Pensaba que estaba difundiendo sabiduría, y no comentarios sarcásticos. Pero estaba dando malos consejos desde un lugar profundamente arraigado en el dolor y en mis propias inseguridades. Chismeaba. Analizaba. Criticaba. Incluso acusaba. Eso es realmente el chisme: acusación. Escupía veneno con todo lo que decía. Provocaba problemas en cada conversación. Era como un vertido químico que salpicaba a todo aquel con el que me encontraba".

Qué aleccionador. Mi querida amiga Lisa Harper ha dicho a menudo que aquello con lo que no lidiamos en un período salpicará a nuestro siguiente período. Qué fácil es hacer eso cuando dejamos una amistad por otra, una iglesia por otra, una relación de noviazgo por otra, un matrimonio por otro, incluso una posición de voluntariado por otra. Igual que Jen, cuando no somos sanados de heridas de nuestro pasado, supurarán hasta nuestro presente, haciendo que difundamos toxicidad a todos los que nos rodean.

De modo similar a Jen, cuando yo era joven en mi carrera ministerial, también cometí errores. Estaba aprendiendo a seguir a líderes tan fielmente como fuera posible cuando me dieron un equipo propio al que liderar. Sentía una presión inmensa de no decepcionar a nadie. Primero sentí la necesidad de demostrar mi valía a mis líderes, de ser digna de su confianza en mí, de ejecutar con excelencia cada tarea que me habían asignado. Entonces, con respecto a mi equipo, sentía la presión de demostrar que era digna de ser su líder, de empujarlos hacia la dirección en la que todos necesitábamos ir, asegurándome de que cumplíamos nuestras metas. Y ellos fueron muy fieles. Trabajaron duro para cumplir mis expectativas. Pero mi exuberancia sincera por liderar bien fue superada por mi deseo poco saludable de aceptación, y presionaba demasiado a todos. Hasta el agotamiento. Hasta la frustración. Demandaba estándares imposibles. Sentía que nada era nunca suficiente para mí misma, y transmitía eso a mi equipo.

Con el tiempo, descubrí que mi impulso era desempeñar para encontrar aceptación. Estaba llamada, pero también estaba herida. Y mi herida supuraba por todas partes. Rebosaba toxicidad, y se reflejaba en mis palabras, mis actitudes, y mis respuestas a personas y situaciones. Mis acciones las sentía como algo que no podía controlar, y surgían cuando menos lo esperaba. Reaccionaba mal en diversas situaciones: en silencio, verbalmente, emocionalmente.

Me había alejado mucho de donde Jesús quería que estuviera, muy lejos del estándar que Él nos estableció cuando dijo:

> Sabéis que los gobernantes de las naciones se enseñorean de ellas, y los que son grandes ejercen sobre ellas potestad. Mas entre vosotros no será así, sino que el que quiera hacerse grande entre vosotros será vuestro servidor, y el que quiera ser el primero entre vosotros será vuestro siervo; como el Hijo del Hombre no vino para

ser servido, sino para servir, y para dar su vida en rescate por muchos. (Mateo 20:25-28)

Recuerdo cómo se mezcló el dolor en mi corazón cuando finalmente reconocí mis errores y me sentí muy molesta y decepcionada conmigo misma. Muy desanimada; incluso condenada. A menudo creía que Dios estaba decepcionado conmigo solamente porque yo lo estaba, o suponía que Él estaba enojado conmigo solamente porque yo lo estaba. Pero, con el tiempo, aprendí a vivir en su gracia y a confiar en el amor del que se habla en 1 Juan 4:16. Porque la hermosa verdad, en medio de todo el dolor, es que Él me ama; y a Jen. Y a ti. Él nos ama con un amor eterno y con misericordia (ver Jeremías 31:3).

A lo largo de los años de mi vida, he observado desde entonces que todos tenemos a menudo talones de Aquiles intrínsecos: esos lugares de debilidad que existen en nuestras almas a pesar de cuán grande sea nuestra fuerza general. Estoy muy agradecida porque Dios sacó a la luz mis debilidades y comenzó a sanarme en esos primeros tiempos de ministerio. Estoy muy agradecida porque Él sigue revelándome lugares de heridas. Sin ninguna duda, no estoy tan sanada ya como para no necesitar más a Jesús. Mientras más me acerco a Él, más entiendo que me queda un largo camino por recorrer para ser más semejante a Él. De hecho, mi profunda dependencia de Él es lo que me permite seguir creciendo, y evita que pierda el rumbo. Es un hermoso misterio que me ayuda a mantenerme anclada a Él.

Con cada herida, Dios me ha enseñado a perdonar más y más: otro paso esencial hacia la sanidad. A mostrar misericordia y gracia. A ser misericordiosa con quienes no pensaba que lo merecían; con quienes probablemente nunca pedirían perdón. Él me enseñó a vivir las palabras del apóstol Pablo aunque, de vez en cuando, sigo sin manejarlas perfectamente: "Quítense de vosotros toda amargura, enojo, ira, gritería y maledicencia, y toda malicia. *Antes sed benignos unos con otros, misericordiosos, perdonándoos unos a otros, como Dios también os perdonó a vosotros en Cristo*" (Efesios 4:31-32, énfasis de la autora).

Y Él también le enseñó a Jen.

Hasta la fecha, las dos tenemos que tener cuidado. Estar atentas. Prestar atención al estado de nuestros corazones y a lo que sale por nuestra boca, para que no comencemos a perder el rumbo otra vez.

LA SANIDAD ES UN PROCESO

Cualquiera que sea tu herida, es importante entender que, debido a que las heridas no supuran de la noche a la mañana, tampoco se curan de la noche a la mañana. La sanidad toma tiempo. Es un proceso. Parecido a como fue cuando Nick y yo seguimos cuidando su herida. Sé que en mi propia vida en raras ocasiones he experimentado una sanidad instantánea, pero hay una historia en el Evangelio de Marcos que siempre me ha alentado en la espera. Es una historia sobre un hombre que era ciego, a quien llevaron delante de Jesús para obtener ayuda, para obtener sanidad. La historia tiene lugar justo después de que Jesús preguntara a sus discípulos si tenían ojos pero no veían, si tenían oídos pero no oían (8:18). Jesús sanó al hombre, pero no fue instantáneamente.

> Vino luego a Betsaida; y le trajeron un ciego, y le rogaron que le tocase. Entonces, tomando la mano del ciego, le sacó fuera de la aldea; y escupiendo en sus ojos, le puso las manos encima, y le preguntó si veía algo.

El, mirando, dijo: Veo los hombres como árboles, pero los veo que andan.

Luego le puso otra vez las manos sobre los ojos, y le hizo que mirase; y fue restablecido, y vio de lejos y claramente a todos. Y lo envió a su casa, diciendo: No entres en la aldea, ni lo digas a nadie en la aldea. (vv. 22-26)

Esta historia me llama la atención cada vez que la leo. Yo tengo una grave aversión a los gérmenes; tanta, que en todo momento tengo a mi alcance un limpiador higiénico de manos; bueno, casi en todo momento. Y la ironía de que tenga esa sensación y viaje por todo el mundo no pasa desapercibida para mí. Por lo tanto, la idea de escupir en los ojos de un hombre me resulta demasiado para pensarlo.

Y lo que es más extraño aún es que, cuando Jesús escupió en sus ojos, le puso las manos encima y le preguntó si veía algo (ver v. 23).

¿Por qué hizo eso Jesús? ¿Acaso no sabía Jesús si ese hombre podía ver o no? ¿No sabía si su poder para hacer milagros fue preciso o no? ¿Y cómo no podía haberlo sido? Después de todo, Él es Dios, ¿cierto? Me refiero a que, hasta este momento en la Biblia, los milagros no habían sido ningún problema.

Y, sin embargo, le preguntó si veía algo.

Cuando el hombre respondió a Jesús, le dijo que veía a la gente como árboles que caminaban. No estaba completamente sanado. El hombre veía, pero no con claridad. Veía, pero borroso. Veía, pero no plenamente.[3]

¿Y acaso no somos así? ¿No hay lugares en nuestras vidas donde estamos en algún lugar entre la ceguera y la vista? ¿En algún lugar entre no ser sanados y más sanados? ¿Donde las cosas siguen siendo un poco borrosas, y necesitamos perdonar más? ¿O una vez más?

Y, aun así, Jesús no nos deja en ese estado. Él supervisa nuestro progreso; atiende a nuestras heridas; y nos invita a recibir más sanidad.

Cuando me encontré expuesta como joven líder que demandaba demasiado, podría haber dejado pasar la oportunidad que Dios me estaba ofreciendo. Podría haber seguido siendo tóxica y haberlo evadido, en lugar de aceptar la invitación de Dios a ser sanada. Podría haber culpado a alguien. A algo, a cualquiera, a cualquier cosa. Podría haber culpado a todos y a cada evento relacionado con mi pasado: a quienes abusaron de mí sexualmente; a los niños en la escuela que me acosaban; a mis padres adoptivos por mentirme acerca de mi adopción; a las tradiciones griegas de mi familia que valoraban mucho el matrimonio y devaluaban los estudios que yo quería realizar; o a todos los errores que había cometido. Incluso los deliberados.

Pero, en lugar de culpar, corrí otro riesgo y le pedí a Dios que me sanara. Y, efectivamente, cada vez Él me mostró un lugar donde necesitaba soltar otra herida, donde necesitaba perdonar a alguien y liberarlo para que yo también pudiera ser libre (ver Gálatas 5:1).

¿Puedes imaginar las consecuencias si hubiera decidido culpar y no perdonar; y pasar mi vida viviendo como una víctima? Me imagino que nunca habría entrado en el ministerio de jóvenes al principio. Nunca habría conocido a Nick ni tendría a nuestras lindas hijas. No habría ningún A21 para llegar a las víctimas del tráfico de seres humanos, ningún Propel para alentar a las mujeres, ninguna enseñanza en televisión, ningún libro como este. No habría tenido un viaje de vulnerabilidad y victoria acerca del cual escribir. Estaría atascada en un lugar donde ninguno de nosotros realmente hemos querido ir. Un lugar de culpabilidad, vergüenza, enojo, y muchas otras cosas.

Estoy agradecida porque, aunque nunca ha sido fácil, cada vez que he reconocido una herida que podría estar supurando, he pedido a Dios más sanidad. Más plenitud. Más comprensión. Más sabiduría. Más libertad. Porque, como he aprendido, siempre hay más.

Para mí, cada vez que he pasado de una etapa de la vida a la siguiente, de una iniciativa a la siguiente, cada vez que Dios me ha pedido que alcance a más personas, hubo heridas que no sabía que tenía y que Dios quería sanar. Sucedió cuando me casé, cuando tuvimos hijos, cuando iniciamos nuestro propio ministerio, y a medida que he crecido en el ministerio a lo largo de los años. Ha sucedido cuando personas me han herido, me han abandonado y traicionado, cuando yo he fallado y he cometido errores, e incluso causé heridas a otros.

> Cuando apartamos nuestros ojos de Jesús, lo único que podemos ver es la herida que duele o las personas que infligieron esa herida. Entonces comenzamos a supurar, y a perder el rumbo. Pero cuando levantamos nuestros ojos y miramos a Jesús, manteniendo nuestra mirada en Él, comenzamos a sanar.

¿Dónde necesitas tú más sanidad? Como el hombre al que Jesús sanó, siempre podemos ver con un poco más de claridad. Cuán importante es, por lo tanto, que levantemos la vista y miremos a Jesús, Aquel que nos sana. El escritor de Hebreos alentó a los primeros cristianos a hacer eso. Les dijo que pusieran sus ojos en Jesús, el "autor y consumador" de su fe (ver Hebreos 12:2). Cuando apartamos nuestros ojos de Jesús, lo único que podemos ver es la herida que duele o las personas que infligieron esa herida. Entonces comenzamos a supurar, y a perder el rumbo. Pero cuando levantamos nuestros ojos y miramos a Jesús, manteniendo nuestra mirada en Él, comenzamos a sanar. Comenzamos a ver con más claridad. Igual que el hombre al que Jesús sanó.

Lo que toca aún más mi corazón en la historia de este hombre es que, cuando Jesús le preguntó si veía algo, el hombre fue sincero. Cuán fácil habría sido sentirse intimidado, sentir presión para desempeñar, no querer avergonzar a Jesús o hacer que se viera como cierta versión de fracaso. ¿Acaso no hemos sentido todos presión para decir sí a alguien en un momento espiritual cuando la verdad era no?

¿No sería estupendo si sintiéramos el amor, la gracia y la libertad para ser siempre sinceros, a pesar de todo? Sé que eso es lo que Jesús quiere. Tengo la seguridad de que eso era lo que Jesús quería que fuera el hombre; y lo fue. El hombre no mintió y dijo sí; dijo no. Y Jesús puso sus manos de nuevo sobre los ojos del hombre. Parece que el hombre también tenía un papel que desempeñar en su sanidad.

Lo interesante aquí es que Jesús sanó a alguien en dos etapas en lugar de una. La sanidad fue una progresión en lugar de ser un cambio instantáneo. Fue necesaria honestidad por parte del hombre para que Jesús siguiera obrando en su vida. ¿Cuántas veces nos ha sanado Dios primero internamente antes de que se produjera un gran cambio en nuestra vida externa?

Creo que hay algo en todo esto para que lo entendamos mejor.

Seamos sinceros: con Dios, los unos con los otros, y con nosotros mismos. Si hemos perdido el rumbo, si hemos dejado de sanar y hemos comenzado a supurar, abramos de par en par la puerta a nuestros corazones heridos e invitemos a Jesús a entrar una vez más.

MANTÉN TUS OJOS EN JESÚS

Cuando continúan los versículos en Marcos 8, parece que la visión espiritual de los discípulos había comenzado a aclararse, al igual que la vista del hombre ciego. Ahora podían ver algo espiritualmente que antes no podían ver.

> Salieron Jesús y sus discípulos por las aldeas de Cesarea de Filipo. Y en el camino preguntó a sus discípulos, diciéndoles: ¿Quién dicen los hombres que soy yo?
>
> Ellos respondieron: Unos, Juan el Bautista; otros, Elías; y otros, alguno de los profetas.
>
> Entonces él les dijo: Y vosotros, ¿quién decís que soy? Respondiendo Pedro, le dijo: Tú eres el Cristo.
>
> Pero él les mandó que no dijesen esto de él a ninguno. (vv. 27-30)

Antes eran ciegos. Ahora podían ver. Podían entender, comprender y aceptar a Jesús, y quién era Él realmente.

"Tú eres el Cristo".

¿Acaso no es eso lo que produce la sanidad en nuestras vidas? Asombro ante Jesús. Nueva alabanza. Comprensión. Revelación. Vista. Libertad: del pasado, de repetir viejos patrones de conducta. Eso es lo que produjo en mi vida y en la vida de Jen. Pero nuestro aprendizaje, nuestra sanidad y nuestra comprensión no han terminado. Seguimos siendo obras en progreso. ¿Acaso no lo somos todos?

Si siguiéramos leyendo el resto del Evangelio de Marcos, lo que llegaríamos a entender es que, aunque en el capítulo 8 los discípulos reconocieron a Jesús como el Cristo, el Mesías, seguían sin verlo tan claramente como lo harían cuando Él se convirtió en su Salvador resucitado.[4] Su capacidad para ver y entender siguió desarrollándose hasta bien entrado el libro de Hechos, cuando comenzaron a hacer todo aquello para lo cual Jesús los había salvado y los había enviado: ir y hacer discípulos (Mateo 28:19).

Nuestro viaje de ver más y con mayor claridad, de ser sanados de heridas del pasado y crecer en Cristo, es un camino de por vida. Es un viaje de ir quitando las capas que la vida saca a la luz y de ser sinceros, con nosotros mismos y con Dios, para que así podamos ser sanados. Es un proceso continuado con el que Dios quiere que nos comprometamos.

Cuando nos encontramos heridos, sensibles o tóxicos, enojados o impacientes, amargados o negativos; cuando nos encontramos en lugares mental y emocionalmente donde nunca esperábamos estar, preguntando a Dios: *¿Cómo llegué hasta aquí?*, reconozcamos que estamos heridos, y que hemos perdido el rumbo. Y si no lo hemos visto, seamos abiertos con el cónyuge, el amigo de confianza, o el colega que lo está señalando. Entonces, de alguna manera, en cierto modo, miremos a Jesús para pedirle que nos sane. Consideremos acercarnos a un buen amigo que orará por nosotros. O, si es necesario, busquemos consejería profesional cristiana. A veces necesitamos ayuda, una ayuda que está fuera de nosotros mismos o de nuestro círculo de amistades. Estemos comprometidos con hacer lo que sea necesario para dejar de supurar y comenzar a sanar. Perdonemos a quienes necesitemos perdonar, y enmendemos lo que podamos. Mantengamos nuestros ojos en Jesús para así permanecer en rumbo, posicionados perfectamente para llevar a cabo todos los planes y propósitos que Dios tiene para nuestras vidas.

4

SABES QUE HAS PERDIDO EL RUMBO CUANDO...DEJAS DE PREGUNTAR Y COMIENZAS A DIVAGAR

Nos preguntamos por qué no tenemos fe; la respuesta
es: fe es confianza en el carácter de Dios y, si no
sabemos qué tipo de Dios es Dios, no podemos tener fe.

—A.W. Tozer, *Los atributos de Dios, volumen 2:*
Más profundamente en el corazón del Padre

"Chris, no entiendo qué está pasando", dijo Natalie con calma, aunque yo podía oír la tristeza en su voz a través del teléfono. "Dos de mis amigas de más tiempo, personas con las que crecí, que estuvieron en el grupo de jóvenes conmigo, que incluso fueron al instituto bíblico y sirvieron fielmente en el ministerio, se están alejando de Dios. Literalmente están abandonando su fe. Sé que, debido a retos que han enfrentado, han tenido unos años difíciles, pero nunca vi llegar esto.

"Siempre pensé que las dos eran cristianas más fuertes que yo porque fui yo quien batalló con mi fe cuando éramos jóvenes, y no ellas. Ellas fueron quienes se mantuvieron fuertes cuando yo pasé por tiempos difíciles en la universidad. Ellas fueron quienes oraron conmigo y por mí en medio de muchos desafíos. Ellas eran en quienes yo me apoyaba. No puedo entender cómo alguien puede pasar de estar prendido por Jesús y guiar a otros a Cristo, a decir: 'Creo que ya no creo en nada de esto'".

Al escuchar a mi querida amiga dolerse por sus amigas de toda la vida, intentando darle sentido a todo aquello y desesperada por entender lo que estaba sucediendo, no pude evitar sentir un dolor familiar. En más de treinta años de ministerio, también yo he tenido amigos que se alejaron. Amigos con los que crecí espiritualmente. Amigos a quienes apreciaba y en los que confiaba. Cuando entregué por primera vez mi vida a Jesús, éramos un grupo entero que comenzamos a salir a correr juntos, pero en algún lugar en el camino algunos de ellos se alejaron. Recuerdo que cada vez me sentía como Natalie: sorprendida, devastada, triste, intentando entender cómo había sucedido, pidiendo a Dios que me mostrara cómo podría haber intervenido yo.

"Están cuestionando todo aquello en lo que creían", siguió diciendo Natalie. "Y, para ser sincera, últimamente he conocido a muchas personas así. El otro día, por ejemplo, conocí a una mujer de unos treinta y tantos años, como yo, y me dijo que antes *era* cristiana. Cuando le pregunté por qué sentía que ya no era cristiana, me contó la historia de que había orado por años para que su mamá se convirtiera en cristiana, pero cuando su madre murió, estaba bastante segura de que su mamá nunca había aceptado a Cristo. Dijo que, después de mucha introspección, sabía que no podía creer en un Dios que enviaba a alguien el infierno, particularmente a su madre, y en especial después de haber orado tanto por ella. Había muchas cosas que yo quise decirle, y que podría haberle dicho, pero lo único que pude hacer fue sentir su dolor y su angustia.

"Sé que, en mi propia vida, he visto y también he atravesado algunas cosas que me han sacudido profundamente y me dejaron confundida y decepcionada", añadió Natalie, "pero, incluso en mis momentos más difíciles, puedo decir sinceramente que nunca cuestioné realmente la existencia de Dios ni pensé en abandonar mi fe y alejarme de Dios. Sin duda, a veces he cuestionado sus caminos, y he batallado profundamente con resultados que no entendía o que me parecían injustos e inconclusos, pero ¿cómo hice para acercarme a Dios y no alejarme yo también? Sigo pensando en eso, pero supongo que todo es demasiado confuso.

"Cuando era más joven, tenía mucha envidia de esas mismas amigas cuando se trataba de su relación con Dios. Ellas confiaban fácilmente en Dios en medio de cosas que no entendían, y entregaron la totalidad de su futuro a seguir el llamado de Dios. Yo también quería honrar a Dios con mi vida y profundizar en mi caminar con Él, pero siempre parecía que cada buen paso de fe por mi parte traía con él millones de nuevas preguntas y una lucha constante en mi corazón y en mi mente. No es necesario que diga que, sin duda alguna, sé lo que es batallar con preguntas, confusión, e incluso desilusión. Pero, una vez tras otra, de alguna manera llegué siempre a un lugar de paz, incluso cuando no tenía todas las respuestas. Y, para algunas cosas, nunca he recibido la respuesta. He podido seguir confiando en Dios cuando no entendía; y claro está que también te he hecho un millón de preguntas a ti a lo largo del camino. Sé que mis amigas buscaban a Dios también. ¿Qué sucedió entonces?".

Dejé mi cartera y mis llaves sobre mi escritorio, todavía con el teléfono en mi oreja, y me senté en mi sillón para prestar toda mi atención a Natalie. Sabía que, más que nada, ella estaba pensando en voz alta, intentando ordenar en su corazón todas las indicaciones.

"Lo siento mucho, Natalie", comencé a decirle. "Sé que esto es muy doloroso. Tus amigas y tú siempre han estado muy cerca. Les conoces desde siempre, y han compartido todo entre ustedes. Todas han tenido la bendición de tenerse las unas a las otras por mucho tiempo. Sé que esto es difícil. Cuando suceden cosas como esta, es impactante, especialmente cuando nos parece que nos ha agarrado por sorpresa. Cuando nos parece que nos arrebatan algo que hemos amado y atesorado. No tengo ninguna respuesta fácil. Cuando he tenido amigas que se alejaron de Dios, he sentido mucha pérdida y mucho dolor, incluso cuando nos hemos mantenido en contacto. No he querido otra cosa sino apresurarme a buscarlas y ayudarles a encontrar su camino de regreso. Se me ha partido el corazón al pensar cómo se siente Dios. He tenido que confiar en que Dios les ama mucho más de lo que yo podría amarles; que nada es demasiado grande para Él, y que ninguna persona está demasiado lejos de su alcance. Cuando he orado por ellas, he tenido que entregarlas a Dios".

Mientras Natalie y yo seguimos conversando, poniendo en orden nuestros sentimientos, ambas intentamos entender, aunque no había modo alguno de saber lo que había sucedido en los corazones y las mentes de sus amigas.

Finalmente, dije lo que sabía que las dos necesitábamos para anclar nuestros corazones. "Ninguna de nosotras realmente sabe cómo o por qué se alejaron estas personas, pero como hemos aprendido a lo largo de nuestras vidas, el mejor modo de no alejarnos es mantenernos ancladas en Jesús; y cuando descubrimos que estamos perdiendo el rumbo en alguna área, echar el ancla una vez más, ir más profundo con Dios. Y a veces eso involucra hacer las preguntas difíciles, como tú estás haciendo ahora, y dejar que esas preguntas nos lleven más cerca de Él todavía. Aun así, soy consciente de que, cuando algunas personas hacen preguntas, avanzan en la dirección contraria. Se alejan de Él. Por eso es tan importante aprender a plantear nuestras preguntas, y después saber manejar todas las maneras en que Dios responde, incluyendo las veces en que parece que Él no nos da una respuesta".

EL PODER DE BATALLAR CON NUESTRAS PREGUNTAS

Aquel día, no había nada que yo quisiera hacer más que consolar a Natalie y ayudar a sus amigas a encontrar el camino de regreso a Jesús. Pero conocía a Natalie. Ella oraría por sus amigas y por la mujer a la que había conocido. Se acercaría a ellas; escucharía; estaría a su lado, y haría todo lo que pudiera. Ella era la persona a la que Dios había puesto en su camino, no yo. Natalie era más que capaz de ayudarles porque era una mujer que había tomado el tiempo para batallar con su propia fe, que había aprendido a anclarse a sí misma en Jesús, y que había aprendido a seguir anclándose para así no perder el rumbo.

Cuando conocí por primera vez a Natalie, estaba en su último año de universidad. Yo hablé en su iglesia, y después recuerdo que se acercó y se presentó conmigo y me dijo lo que estudiaba en la escuela. Me habló acerca de sus sueños profesionales y dónde esperaba trabajar, entre otras cosas, pero a medida que nos fuimos conociendo, lo que más captó mi atención fue su pasión por Dios y su sed insaciable de entender más acerca de Él. Yo no había conocido a una mujer joven que tuviera tantas preguntas sobre, bueno, sobre todo.

Aunque no recuerdo las preguntas concretas que me hizo Natalie aquella noche, sí recuerdo que hablamos por mucho tiempo. Naturalmente, que te hagan preguntas sobre la Biblia es algo que se produce con bastante normalidad si uno hace lo que yo hago. A lo largo de los años me han preguntado todo tipo de cosas, tanto personas a quienes les gustan los acertijos sobre la Biblia, como escépticos igualmente. Una de mis preguntas favoritas es la siguiente: además de Adán y Eva, ¿quién en el Antiguo Testamento no tuvo padres? Respuesta: Josué, hijo de Nun (ver Éxodo 33:11). Y mi favorita de los escépticos que intentan con muchas fuerzas negarse a creer en Dios por tanto tiempo como sea posible: "¿Podría Dios crear una roca tan pesada que Él mismo no pudiera levantar?".

Los niños son los más divertidos, claro está. Son ellos quienes preguntan: "Si había solamente dos conejos en el arca, ¿cuántos había cuarenta días después?". Es entonces cuando comienzo a mirar alrededor en busca de sus mamás. No estoy dispuesta a meterme en un discurso sobre reproducción con alumnos de primaria.

Invariablemente, al menos una o dos veces al año alguien me pregunta qué pienso sobre los tatuajes y si yo tengo alguno; y si son bíblicos o no. Voy a decir que no me gustan las agujas, y por eso es difícil que me haga un tatuaje. Y nunca llego a estar bastante segura de por qué es tan importante si tengo un tatuaje o no.

Bromas aparte, lo que más recuerdo acerca de las preguntas de Natalie era reconocer lo mucho que ella había querido entender la Palabra de Dios. Su sinceridad me conmovió. Tenía hambre de conocer mejor a Dios y de entender las profundidades de quién es Él. Para ser sincera, tenía la sensación de estar mirando a alguien que batallaba como yo lo había hecho cuando tenía su edad. A lo largo de los meses siguientes, seguí respondiendo sus preguntas mediante correos electrónicos, mediante mensajes de texto, mediante verme con ella cuando hablaba en una iglesia o una conferencia cerca de donde ella estaba.

A menudo me hablaba de sus amigas cercanas, y que muchas de ellas se sentían llamadas a una vocación en el ministerio, algo que había llamado la atención en su corazón de vez en cuando, aunque desde los diez años de edad ella se había propuesto llegar a ser abogado. Como ella decía, cada vez que veía la serie *Ley y Orden*, sabía que ese era su destino. Aun así, la idea del ministerio nunca le abandonó.

Cuando se graduó, batallaba con cuál sería su siguiente paso. Se debatía entre estudiar leyes y entrar en el ministerio. Al haberme oído hablar tanto sobre la belleza de Sídney, con su famoso teatro de la ópera, su zoo increíble y sus hermosas playas, al igual que el asombroso Sídney Harbour Bridge, me preguntó si podía trabajar con nosotros como interna, tomando cierto tipo de año sabático. Nuestro ministerio seguía teniendo su base allí en ese momento, y nos emocionaba que se uniera a nosotros mientras seguía pensando en su futuro. Siempre hemos tenido internos, y Natalie fue una de las primeras, incluso comenzando desde abajo en el tema alcanzar a víctimas de seres humanos antes de que lanzáramos A21.

Mientras estaba con nosotros, ella y Annie, que sigue siendo parte de nuestro equipo, hicieron un viaje de inspección para nosotros a varios países de la zona de Asia-Pacífico, y lo que trajeron de regreso se convirtió en una parte integral del trabajo de A21 en esa región años después.

Cuando finalizó su año en Sídney, Natalie había batallado con tantas preguntas, que tenía más confianza que nunca en su fe. Estaba anclada. Confiaba plenamente en Dios, y sabía lo que Dios quería realmente que hiciera. Regresó a su casa y se preparó para estudiar leyes.

No mucho después de iniciar sus estudios, Dios comenzó a entretejer su pasión por las leyes con su comprensión recién hallada del problema global del tráfico de seres humanos. Se acercó a sus compañeros de estudio, y comenzó un grupo en el campus en contra del tráfico de seres humanos que fue muy exitoso y que hasta la fecha sigue teniendo un impacto duradero en estudiantes, la universidad, y su comunidad. El primer puesto que obtuvo después de la graduación le llevó a trabajar en la oficina del gobernador. Allí, pudo ayudar a orquestar que se aprobara una ley fundamental en contra del tráfico de seres humanos, la primera de su tipo en su estado natal. Nick y yo incluso asistimos a la firma, celebrando con Natalie una legislación pionera y revolucionaria. Desde entonces, Natalie ha seguido trabajando en el gobierno de su estado, afectando los derechos y el bienestar de otros.

Estoy muy agradecida por Natalie, por quién es ella y lo que ha logrado, pero lo que más atesoro es la amistad que disfrutamos hasta la fecha; y las preguntas que ella sigue haciendo.

HAZME UNA PREGUNTA, ¡SOBRE CUALQUIER COSA!

Cuando Natalie me llamó aquel día, quebrantada por sus amigas que se estaban alejando de Dios, yo regresaba de reunirme con nuestro grupo de internos más nuevo en la oficina de California: hombres y mujeres jóvenes de todo el mundo que son inteligentes, imaginativos, apasionados y valientes, la mayoría de ellos universitarios, igual que lo era Natalie cuando trabajaba como interna. Conocerlos y darles la bienvenida es una de las cosas que más me gusta hacer. Siempre quedo impresionada por cuán llenos de fe están, y también de gozo y optimismo, y lo mucho que quieren marcar una diferencia en este mundo.

Durante el tiempo que pasan con nosotros, y cuando estoy en la oficina, hago todo lo posible por responder cualquier pregunta que puedan tener nuestros internos: acerca de cualquier cosa. Trabajo. Vida. La Biblia. Temas espirituales. Justicia social. Tráfico de seres humanos. Noviazgo. Siempre intento emparejar a cualquiera de los solteros que quieren casarse. No estoy segura de si alguna vez he tenido éxito al presentar a alguien a su futura pareja, pero con el alcance de las redes sociales, lo sigo intentando. Seguramente, ¡algún día alguien dirá que vio por primera vez a su esposa en mi historia de Insta! Te mantendré al tanto.

Pero, en serio, hago todo lo posible para alentarlos a que me hagas preguntas. Quiero escuchar lo que hay en sus mentes. Quiero escuchar lo que les interesa. Quiero escuchar cuáles son sus luchas, cuáles son sus esperanzas y aspiraciones. Quiero saber qué cosas están confrontando en la cultura y en sus vidas cotidianas. He descubierto que es muy importante estar en contacto con ellos porque navegan por un mundo en el que yo no tuve que hacerlo cuando tenía su edad y comenzaba en mi carrera ministerial.

Hago lo mismo con mis hijas y sus amigos. Muchas veces, cuando se han juntado en nuestra cocina o cuando los he llevado al cine, les he dicho: "Háganme una pregunta. Cualquier pregunta". Normalmente comienza como diversión y juegos, y nos reímos y bromeamos, pero poco después se dirige a verdaderos problemas que están enfrentando o que alguien a quien conocen está enfrentando. Se convierte en preguntas sobre la Biblia y cuál es la perspectiva de Dios acerca de lo que sucede en nuestro mundo en la actualidad. Las preguntas que me han planteado me proporcionaron mucha perspectiva con respecto a sus vidas.

Quiero que todos sepan que hacer preguntas está muy bien. Es bueno. Porque, por tanto tiempo como puedo recordar, siempre he sido una muchacha que hace preguntas. Estoy segura de que mi primera palabra seguramente fue "¿por qué?" en lugar de la típica "ma-má" o "pa-pá". Por alguna razón, nunca he tomado nada al pie de la letra, y siempre lo he cuestionado todo. Incluso en la escuela, hacía una pregunta tras otra. Y sigo siendo esa muchacha. En 2016 comencé la escuela de posgrado en Wheaton College para trabajar en mi maestría en evangelismo y liderazgo. Soy parte de las compañeras de Propel, y estoy segura de que sigo siendo la que hace más preguntas en clase.

Hacer preguntas es el modo en que batallamos con nuestra fe y crecemos. Es una de las maneras en que evitamos perder el rumbo. Como cristianos, profesamos con confianza que creemos en Dios, pero si no vivimos una vida en la que desarrollamos lo que eso significa realmente, haciendo preguntas continuamente y siguiendo todo eso con el estudio de la Palabra de Dios en busca de las respuestas, nos encontraremos diciendo que creemos en algo que quizá ni siquiera entendemos. Incluso podríamos encontrarnos poniendo más fe en nuestros sentimientos que en la Palabra de Dios. Poniendo más confianza en lo que podemos explicar, en lo que podemos predecir y controlar. Incluso podríamos encontrarnos valorando nuestras preguntas por encima de encontrar las respuestas, especialmente si tenemos miedo de las respuestas. Después de todo, las respuestas tienen el potencial de llamarnos a rendir cuentas y ser responsables por lo que revelan. Si nos distraemos o desviamos en nuestro camino hacia encontrar las respuestas, es más fácil llegar a desconectarnos de nuestra fe, y encontrarnos sin estar anclados y siendo empujados por las corrientes de nuestra época, desviándonos hacia lugares que nunca esperábamos.

Hacer preguntas no es lo que causa que perdamos el rumbo. Si estamos enfrentando una crisis, no es la crisis la que hace que nos desviemos; es lo que hacemos con nuestras preguntas y con la crisis lo que marca la diferencia. Jesús es el ancla para nuestra alma, y llegar a desconectarnos de nuestra ancla, particularmente en la búsqueda de respuestas para nuestras preguntas, es lo que nos deja a la deriva.

Jesús quiere que nos preguntemos, pero no que divaguemos. Quiere que nos preguntemos, que hagamos todas las preguntas que haya en nuestro corazón y en nuestra mente, pero que no nos alejemos de Él por divagar mientras preguntamos.

Cuando tenemos preguntas, Dios quiere que busquemos respuestas: en su Palabra, en oración preguntándole a Él directamente, en estudios y libros cristianos como este, y en conversaciones con seguidores de Cristo que están anclados. Cuando yo he tenido preguntas, en cada edad y etapa de mi viaje, he investigado los recursos que tenía a mi disposición. Mi regreso a los estudios de posgrado es también una parte importante de eso, porque hay muchas preguntas que plantear y muchas respuestas que encontrar. He conversado con amigos de confianza y líderes. He acudido a mujeres que eran más maduras que yo o que

> Dios quiere que tengamos las conversaciones correctas con las personas adecuadas, para que así aterricemos en el lugar correcto. Especialmente cuando nuestras preguntas hacen que cuestionemos a Dios.

estaban más adelante en el camino que yo. Quiero la sabiduría que la Biblia dice que se encuentra en la multitud de consejeros (ver Proverbios 11:14). Dios quiere que tengamos las conversaciones correctas con las personas adecuadas, para que así aterricemos en el lugar correcto. Especialmente cuando nuestras preguntas hacen que cuestionemos a Dios.

En nuestra búsqueda de respuestas, es importante que no nos perdamos en lo que la Biblia describe como vana palabrería o discusiones inútiles (ver 1 Timoteo 1:6). Dios no quiere que nos enredemos en debates sin sentido (ver Tito 3:9). No quiere que nos encontremos siendo arrastrados por una corriente subterránea de filosofías vacías.

Dios quiere que busquemos consejo cristiano sabio, y después escuchemos el consejo incluso cuando, y especialmente, ese consejo dice lo que nos resulta difícil escuchar. Atrevernos a preguntar a alguien que nos dará cierta resistencia y que nos ofrecerá alguna indicación para corregir el rumbo, es genuinamente buscar a Dios. Si rechazamos el consejo sabio, argumentando en contra, necesitamos reconocer eso como una señal de que ya estamos perdiendo el rumbo. Dios quiere encontrar las voces adecuadas para hablar a nuestras vidas. Voces distintas a las tendencias culturales actuales. Voces diferentes a las propias. Voces que declaren la verdad de Dios, no las que ofrecen sus propias ideas. Voces que digan: "Evaluemos esto según lo que Dios dice". Y cuando esas voces declaran verdad, Él quiere que las tomemos en serio.

Entiendo que, a medida que buscamos respuestas, siempre habrá situaciones que no podemos explicar, cuando tenemos que andar por fe y no por vista (ver 2 Corintios 5:7). Cuando tendremos que confiar en Dios con todo nuestro corazón y no confiar en nuestra propia inteligencia (ver Proverbios 3:5). Tengo miles de esas situaciones en mi propia vida. Cuando he sido herida. Cuando he sido traicionada. Cuando he sido decepcionada o desilusionada. Cuando he fallado y las cosas no salieron como yo había esperado o planeado. Cuando personas a las que amaba murieron demasiado temprano. Cuando han llegado tormentas. Cuando ha llegado la enfermedad. En todas esas ocasiones, he tenido que seguir confiando en el carácter de Dios. He tenido que aceptar el misterio de la fe. He tenido que aceptar que, igual que Pablo escribió a los corintios, siempre habrá cosas que quizá nunca veré claramente a este lado de la eternidad, y que mientras esté en esta tierra, siempre habrá cosas que solo podré entender en parte (ver 1 Corintios 13:9).

En otras palabras, siempre habrá muchas preguntas para las cuales tú y yo nunca tendremos las respuestas. Aun así, Dios quiere que planteemos nuestras preguntas; que nos atrevamos a creer que no hay ninguna pregunta demasiado grande para que Él pueda manejarla. No hay nada que podamos preguntar qué le sorprenderá; después de todo, Él es Dios. Incluso cuando recibimos las respuestas, Él sigue queriendo que nuestra fe y nuestra confianza estén en Él y no en las respuestas o en nuestra propia inteligencia. Las respuestas ayudan, pero no son nuestra fuente de esperanza. Él sí lo es. Cuando lo entendemos y cuando no lo entendemos.

Jesús modeló el valor inherente que existe en plantear preguntas al hacerlas Él mismo. Cuando era movido a sanar a alguien, con frecuencia planteaba una pregunta. Preguntó al hombre que estaba en el estanque de Betesda: "¿Quieres ser sano?" (Juan 5:6). Preguntó a los dos ciegos: "¿Qué quieren que haga por ustedes?" (Mateo 20:32 NVI). Se giró y preguntó a la mujer que tenía flujo de sangre y tocó el borde de su manto: "¿Quién me ha tocado?" (Lucas 8:45 NVI).

Cuando Jesús enseñaba, sus preguntas parecían a menudo predicar una verdad poderosa que estaba a punto de enseñar, o servían como remate final de una enseñanza: "¿Quién de ustedes, por mucho que se preocupe, puede añadir una sola hora al curso de su vida?" (Mateo 6:27 NVI). "¿Por qué te fijas en la astilla que tiene tu hermano en el ojo, y no le das importancia a la vida que está en el tuyo?" (Mateo 7:3 NVI): "La sal es buena, pero, si deja de ser salada, ¿cómo le pueden volver a dar sabor?" (Marcos 9:50 NVI; ver también Lucas 14:34).

La Biblia contiene más de tres mil preguntas.[1] Además de las preguntas que hizo Jesús, está llena de ocasiones en las que personas planteaban preguntas a Dios. Queriendo saber el nombre de Dios, Moisés preguntó: "¿qué les responderé?" (Éxodo 3:13). En el Nuevo Testamento, personas plantearon preguntas como las siguientes:

- "¿Por qué les hablas por parábolas?" (Mateo 13:10).

- "Señor, ¿cuántas veces perdonaré a mi hermano que peque contra mí?" (Mateo 18:21).

- "Entonces, ¿quién podrá salvarse?" (Marcos 10:26, NVI).

- "¿Qué haré para heredar la vida eterna?" (Lucas 18:18).

- "¿Acaso eres tú mayor que nuestro padre Jacob?" (Juan 4:12).

- "Rabí, ¿quién pecó, éste o sus padres, para que haya nacido ciego?" (Juan 9:2).

Acudir a Dios con nuestras preguntas es parte del modo en que nos apropiamos de nuestra fe. Es así como nos acercamos a Él y llegamos a conocerlo más; es como aprendemos a mantenernos anclados, incluso cuando los vientos estén soplando y haya turbulentas olas. Incluso cuando las corrientes subterráneas son cada vez más fuertes. Fijar nuestra ancla en lo profundo es el modo de evitar desconectarnos de nuestra fe y dirigirnos hacia lugares donde nunca quisimos ir.

¿DÓNDE ECHASTE TU ANCLA?

Puede ser difícil mantenernos anclados a la vez que batallamos con preguntas sinceras. Parece que, en cada generación, hay problemas que surgen de las corrientes cambiantes de la época. Problemas que conducen a preguntas con las que realmente deberíamos batallar, pero que también pueden alejarnos de Dios si no tenemos cuidado. Por lo tanto, aunque es importante hacer las preguntas que surjan, también deberíamos recordar que, independientemente del tamaño del problema del presente, no será el gran problema del mañana, porque el mañana tendrá nuevos problemas. Solamente Jesús es el mismo ayer, hoy y para siempre. Cuán importante, entonces, hacer de Él nuestra ancla para que no seamos arrastrados por los problemas.

Entiendo que la batalla para encontrar congruencia entre ciencia y creación, historia del mundo y relatos bíblicos, mortalidad y vida eterna, puede parecer desconcertante. Es tentador en nuestra búsqueda de la verdad abandonar demasiado pronto y perdernos lo que Dios quiere que descubramos; y no es eso lo que deberíamos hacer. Aun así, sin importar cuántas preguntas planteemos o cuánta investigación hagamos, necesitamos que nuestros ojos estén fijos en Jesús. Al final, fe es fe. Siempre habrá respuestas que tengamos que aceptar y que quizá no querríamos oír. Y siempre habrá respuestas que quizá nunca entendamos, al menos no lo haremos hasta que estemos al otro lado de la eternidad en la presencia de Aquel que lo sabe todo. Mientras tanto, tenemos que preguntarnos a nosotros mismos: *¿Podemos confiar cuando no entendemos? ¿Podemos creer cuando nos entendemos?* Incluso cuando sí recibimos respuestas, cuando crecemos en nuestra comprensión ¿seguiremos comprometidos con confiar en Él, tener seguridad en Él, tener fe en Él... considerar las respuestas como una ayuda, pero no como nuestra esperanza?

No puedo evitar preguntarme por las amigas de Natalie. ¿Con qué problemas estaban lidiando cuando decidieron alejarse? ¿Fijaron sus anclas en algo distinto a Dios y su Palabra?

¿Quedaron atrapadas en la cultura del cristianismo en lugar de conocer verdaderamente a Cristo? ¿En qué punto de sus viajes dejaron de hacer preguntas? ¿El tipo de preguntas que nos acercan más a Dios en lugar de alejarnos de Él?

No tengo ningún modo de saberlo. Pero me pregunto: quizá no batallaron lo suficiente al principio de su caminar con Cristo. Tal vez no plantearon las preguntas suficientes. Especialmente las difíciles. O quizá lo hicieron y, cuando oyeron las respuestas, no quisieron aceptarlas. Eso también sucede.

EL MOTIVO DE NUESTRAS PREGUNTAS

A veces, cuando hacemos preguntas, oímos las respuestas pero no queremos enfrentarlas. Parecen demasiado difíciles para incorporarlas a nuestras vidas o a nuestras creencias. Quizá quedamos atrapados en un lugar entre nuestras propias experiencias y el modo en que Dios nos dirige. He leído muchas veces la Palabra de Dios y sentí que comenzaba a avivar mi corazón. Me he sentido dirigida por el Espíritu Santo a medida que Él iluminaba para mí una verdad en un pasaje de la Escritura. Cada vez que eso ha sucedido, he sido consciente de que Dios ha querido que crezca en mi fe, o que había un cambio que Él quería que hiciera. ¿No es eso lo que sucedió cuando Dios comenzó a hablarme mediante el libro de Hebreos? *Presta atención, no sea que pierdas el rumbo.*

Cada vez que Dios me ha indicado algo, he sido consciente de que puedo prestar más atención. Puedo creerlo a Él y acercarme más, o puedo ignorar su indicación. Puedo categorizar su respuesta como demasiado difícil, y no hacer nada. Puedo fijar mi ancla en lo profundo o comenzar realmente a levantarla. Cuando obedecemos a Dios, cuando respondemos a la indicación de su Espíritu, nuestra ancla permanece, y realmente se vuelve más segura. Pero cuando desobedecemos, cuando ignoramos o tomamos a la ligera las indicaciones del Espíritu, comenzamos a levantar nuestra ancla. Y, cuando lo hacemos, nos encontraremos perdiendo el rumbo en esa área de la vida.

Dios quiere que hagamos preguntas, y quiere que esas preguntas nos acerquen más a Él. Cuando esto no sucede, la razón puede encontrarse a veces examinando los motivos de nuestras preguntas. ¿Estamos preguntando para crecer, o no? ¿Estamos dispuestos a aceptar la verdad, o no? ¿Estamos dispuestos a corregir el rumbo en áreas en las que Dios podría revelarnos que nos estamos desviando, o no?

Cuando quise tocar la campana, quedé asombrada al darme cuenta de que había perdido el rumbo. Era difícil encontrarme a mí misma en ese lugar; pero Dios tuvo misericordia de mí y me ofreció gracia. Al mostrarme dónde no estaba anclada, me estaba invitando a ir más profundo.

Hay una historia en Juan 6 que ilustra muy bien esto. Está entretejida a lo largo de todo el capítulo, de modo que resumiré los veinte primeros versículos. Jesús había estado sanando enfermos, y multitudes de personas habían comenzado a seguirlo. Un día, cuando Jesús y toda la gente llegaron a una colina, se juntaron hasta veinte mil hombres, mujeres y niños que lo habían seguido hasta allí. Reconociendo que tenían hambre, Jesús hizo un milagro y los alimentó a todos utilizando el almuerzo de un muchacho que consistía en cinco panes y dos peces. Cuando la multitud vio el milagro de lo que Él había hecho, quedaron fascinados por Él. Querían exaltarlo, coronarlo como rey y seguirlo hasta Jerusalén para derrocar a Roma.

Conociendo sus intenciones, Jesús se alejó de ellos. Más adelante aquella misma noche, mientras sus discípulos cruzaban al otro lado del Mar de Galilea en un bote, Él fue hasta ellos caminando sobre el agua. A la mañana siguiente, la multitud que estaba en la colina se dio cuenta de que Jesús se había ido, de modo que se subieron a sus propios botes y cruzaron el Mar de Galilea hasta Capernaúm buscándolo (v. 24).

Los versículos restantes del capítulo contienen un discurso entre Jesús y la gente en la sinagoga en Capernaúm. La gente comenzó a hacer preguntas a Jesús cuando llegó, y les respondió diciendo: "Ciertamente les aseguro que ustedes me buscan no porque han visto señales, sino porque comieron pan hasta llenarse. Trabajen, pero no por la comida que es perecedera, sino por la que permanece para vida eterna, la cual les dará el Hijo del hombre. Sobre este ha puesto Dios el Padre su sello de aprobación" (vv. 26-27 NVI).

Entonces preguntaron: "¿Qué debemos hacer para poner en práctica las obras de Dios?" (v. 28).

Jesús respondió: "Esta es la obra de Dios, que creáis en el que él ha enviado" (v. 29).

Entonces no se rindieron, preguntándole qué señal iba a hacer *para que ellos pudieran creer*. Hicieron referencia a que Dios dio a los hijos de Israel maná (pan) para comer en el desierto (vv. 30-31).

Lo que observo hasta aquí en este pasaje es que le estaban haciendo preguntas, pero el tono de sus preguntas no daba a entender que tenían ganas de aprender. Que deseaban profundizar. Que batallaban verdaderamente con su fe desde un lugar de humildad. En cambio, preguntaban con sospecha y hostilidad, que es algo más que plantear preguntas. Es dudar; y la duda implica juicio acerca del carácter de Dios. La duda es una acusación en lugar de ser una búsqueda genuina de comprensión; no proviene de un lugar de confianza en la bondad de Dios.

Aun así, Jesús les respondió y comenzó a explicar que Él es el Pan de vida: "Y Jesús les dijo: De cierto, de cierto os digo: No os dio Moisés el pan del cielo, mas mi Padre os da el verdadero pan del cielo.

Porque el pan de Dios es aquel que descendió del cielo y da vida al mundo" (vv. 32-33).

Ellos respondieron diciéndole que de todos modos les diera el pan. Jesús continuó:

> Yo soy el pan de vida; el que a mí viene, nunca tendrá hambre; y el que en mí cree, no tendrá sed jamás. Mas os he dicho, que aunque me habéis visto, no creéis. Todo lo que el Padre me da, vendrá a mí; y al que a mí viene, no le echo fuera. Porque he descendido del cielo, no para hacer mi voluntad, sino la voluntad del que me envió. Y esta es la voluntad del Padre, el que me envió: Que de todo lo que me diere, no pierda yo nada, sino que lo resucite en el día postrero. (vv. 35-40)

Ante esas palabras, los judíos comenzaron a quejarse y a criticar a Jesús. Al final, Jesús les dijo que dejaran de quejarse, y continuó: "De cierto, de cierto os digo: El que cree en mí, tiene vida eterna. Yo soy el pan de vida. Vuestros padres comieron el maná en el desierto, y murieron. Este es el pan que desciende del cielo, para que el que de él come, no muera. Yo soy el pan vivo que descendió del cielo; si alguno comiere de este pan, vivirá para siempre; y el pan que yo daré es mi carne, la cual yo daré por la vida del mundo (vv. 47-51).

Pero los judíos argumentaron: "¿Cómo puede éste darnos a comer su carne?" (v. 52).

Estaban entendiendo erróneamente a Jesús, y sin embargo Jesús siguió hablando.

De cierto, de cierto os digo: Si no coméis la carne del Hijo del Hombre, y bebéis su sangre, no tenéis vida en vosotros. El que come mi carne y bebe mi sangre, tiene vida eterna; y yo le resucitaré en el día postrero. Porque mi carne es verdadera comida, y mi sangre es verdadera bebida. El que come mi carne y bebe mi sangre, en mí permanece, y yo en él. Como me envió el Padre viviente, y yo vivo por el Padre, asimismo el que me come, él también vivirá por mí. Este es el pan que descendió del cielo; no como vuestros padres comieron el maná, y murieron; el que come de este pan, vivirá eternamente. (vv. 53.58)

Jesús dijo que Él era el Pan de vida y que cualquiera que se acerca a Él nunca tendrá hambre. Lo único que tenía que hacer la gente era creer en Jesús, pero, para sus oídos, lo que Jesús decía era demasiado duro. Su enseñanza sonaba difícil, inquietante, incluso blasfema. Comer su carne y beber su sangre les parecía como si fuera una religión caníbal, algo que entendían que sucedió históricamente. Pero no estaban entendiendo el punto.

La multitud que seguía a Jesús se veía atraída a Jesús, pero por los motivos equivocados. No lo reconocían como el Hijo de Dios, como el pan de vida eterna, sino como un hacedor de milagros que podía darles de comer. Eran muy cortos de vista; y su falta de comprensión comenzó a sacar a la luz cuán desconectados estaban de Él.

Creían en lo que Jesús podía hacer por ellos, pero no en quién era Él. Aunque, a primera vista, lo buscaban e incluso lo siguieron hasta una colina y después al otro lado del Mar de Galilea, no estaban anclados en la revelación de quién era Él. Eran seguidores con defectos.

Al inicio mismo de su discurso, Jesús dijo: "Esta es la obra de Dios, que creáis en el que él ha enviado" (v. 29).

Jesús los estaba invitando a creer en Él y permitir que sus vidas estuvieran entrelazadas con Él. No los estaba invitando a obedecer reglas religiosas y solo asistir a la iglesia y leer la Biblia, sino a ser consumidos. A creer. A tener fe.

En lugar de cambiar en su corazón, rechazaron su invitación: "Al escucharlo, muchos de sus discípulos exclamaron: Esta enseñanza es muy difícil; ¿quién puede aceptarla?" (v. 60 NVI).

Jesús, sabiendo que se estaban quejando una vez más, preguntó: "¿Esto os ofende? ¿Pues qué, si viereis al Hijo del Hombre subir adonde estaba primero? El espíritu es el que da vida; la carne para nada aprovecha; las palabras que yo os he hablado son espíritu y son vida. Pero hay algunos de vosotros que no creen… Por eso os he dicho que ninguno puede venir a mí, si no le fuere dado del Padre" (vv. 61-65). La Biblia nos dice que "desde entonces muchos de sus discípulos volvieron atrás, y ya no andaban con él" (v. 66).

Jesús dejó de tener seguidores mucho tiempo antes de que nos sucediera a ti o a mí. Mucho antes de la llegada de las redes sociales y las amistades virtuales. La multitud que antes había estado obsesionada con Él, que parecía que quería seguirlo a todas partes, que había querido hacerlo Rey, se alejó.

Cuando plantearon preguntas, y Jesús respondió y esa respuesta implicaba que Jesús hacía una demanda que requería más confianza y más fe que entendimiento, la gente se alejó. Dejaron de seguir a Jesús.

Cuando la multitud se alejó, Jesús se dirigió a los doce discípulos que quedaban y les preguntó: "¿También ustedes quieren marcharse?" (v. 67 NVI).

Fue Simón Pedro quien respondió primero: "Señor, ¿a quién iremos? Tú tienes palabras de vida eterna. Y nosotros hemos creído, y sabemos que tú eres el Santo de Dios" (vv. 68-69 NVI).

Tengo la sensación de poder oír el corazón de Jesús partirse al preguntar: "¿También ustedes quieren marcharse?".

Estoy muy agradecida de que Pedro estableció la conexión entre las palabras de Jesús y Jesús mismo. Su respuesta fue notable. Un acto de una gran fe.

"Señor, ¿a quién iremos?".

En Jesús encontraremos siempre respuestas verdaderas a nuestras preguntas; y si le permitimos que nos lleve más profundo en Él, siempre nos mantendremos anclados a Él. Pero después de treinta años, puedo asegurarte que, incluso cuando me he sentido tambaleante en la oscuridad, con falta de entendimiento; incluso cuando Él me ha sanado de una cosa pero no de otra cosa; cuando he clamado, desesperada por recibir respuestas solo para escuchar silencio, nunca he sido capaz de marcharme. Incluso cuando he estado agotada, cansada, y lista para abandonar, no pude hacerlo. Incluso cuando me he sentido defraudada, desorientada o desestabilizada, no pude hacerlo. Incluso cuando quise tocar la campana, con tantas ganas como creí que tenía, no pude hacerlo.

Las palabras del viejo himno "He decidido seguir a Cristo" hacen esta declaración, y siguen siendo el himno de mi alma:

He decidido seguir a Cristo.
He decidido seguir a Cristo.
He decidido seguir a Cristo.
No vuelvo atrás, no vuelvo atrás.
La vida vieja ya he dejado...
Atrás el mundo, la cruz delante...

Independientemente de lo que he enfrentado en mi vida, al final de todo, no puedo dejar de seguir a Jesús. Porque no hay nadie como Él. No hay otra persona, sistema de creencias, religión, filosofía o causa que pueda hacer lo que Jesús hace.

No hay otro Salvador.

No hay otro Señor.

No hay otra ancla para mi alma.

Siento lo mismo que Pedro: "Señor, ¿a quién iremos?".

Soy muy consciente de que...

+ Si quiero perdón por mis pecados, ¿a dónde más puedo ir?

+ Si quiero vida eterna, ¿a dónde más puedo ir?

+ Si quiero que mi culpa sea eliminada, ¿a dónde más puedo ir?

+ Si quiero que mis cargas sean levantadas, ¿a dónde más puedo ir?

+ Si quiero encontrar propósito eterno en mi vida, ¿a dónde más puedo ir?

+ Si quiero encontrar esperanza en la vida, ¿a dónde más puedo ir?

+ Si quiero ser plenamente amada, ¿a dónde más puedo ir?

+ Si quiero ser totalmente vista y conocida, ¿a dónde más puedo ir?

+ Si quiero libertad, ¿a dónde más puedo ir?

A ningún lugar.

> Siempre habrá cosas que no podemos entender, que no podemos averiguar, y para las que quizá nunca tengamos respuestas, pero nuestro peor día con Jesús siempre será mejor que nuestro mejor día sin Él.

Nunca dejaré de hacer preguntas, y cuando no tenga las respuestas que espero, aun así prefiero tener a Jesús que tener respuestas.

Seguir a Dios siempre requerirá fe, y la fe genuina en Dios no puede alejarse. Siempre habrá cosas que no podemos entender, que no podemos averiguar, y para las que quizá nunca tengamos respuestas, pero nuestro peor día con Jesús siempre será mejor que nuestro mejor día sin Él. De eso estoy segura. Jesús es el premio.

Se necesita fe para continuar siguiendo a Jesús.

Se necesita fe para confiar cuando no entendemos.

Se necesita fe para seguir siendo obedientes.

Se necesita fe para vivir contrariamente a los estándares del mundo.

Se necesita fe para lidiar con la decepción, el desaliento y la desilusión.

Se necesita fe para lidiar con las injusticias y el sufrimiento en nuestro mundo.

Se necesita fe para soportar el ridículo y la acusación.

Se necesita fe para levantarnos y seguir adelante cuando hemos fallado o hemos cometido un error.

Se necesita fe para ser un testigo para Cristo.

Se necesita fe para aferrarnos a la verdad de que Dios es bueno cuando la vida no lo es.

Se necesita fe para continuar siguiendo cuando no sabemos adónde vamos.

Se necesita fe para seguir creyendo cuando estamos llenos de incredulidad.

Se necesita fe para mantenernos fuertes y valientes.

Se necesita fe para permanecer leales.

Se necesita fe para vivir con propósito y mantenernos en la misión.

Se necesita fe para preguntarnos y nunca divagar.

Se necesita fe para mantenernos anclados en Jesús y no alejarnos, para no perder el rumbo. A pesar de todo.

Además, ¿a dónde iríamos?

SABES QUE HAS PERDIDO EL RUMBO CUANDO...DEJAS DE ORAR Y COMIENZAS A HABLAR

La oración es tan necesaria como el aire, como la sangre en nuestro cuerpo, como cualquier cosa para mantenernos con vida; para mantenernos vivos a la gracia de Dios.

—Madre Teresa

"Veo un hombre, uno de los nuestros, pero no. Uno que está cerca, pero es de lejos. Uno con una gran fortuna. Es para ti, Christina. Es exactamente lo que necesitas. Y a él tampoco parece importarle tu edad. Eso es bueno para ti, ¿no?".

Lo único que pude hacer fue apartar mi cabeza de la mirada interrogante de mi tía y elevar las cejas. Theía Maria me había visto casada en sus posos del café desde que yo tenía quince años. Y, aunque a mi mamá y a todas mis tías les fascinaba siempre cuán en serio se tomaba ella los posos del café, aferrándose a cada palabra que pronunciaba, desesperada por creer que lo que veía en las formas y los patrones adheridos a los costados de su taza, ninguna de sus predicciones había sido correcta. Yo tenía veintiséis años entonces, y por tanto tiempo como puedo recordar, ella daba vueltas a su taza, dejando que los posos del café predijeran el futuro.

"Deja que el café te hable", me decía, bajando siempre su voz para añadir un aire de misterio. Por décadas, Theía María había estado prediciendo cuándo nacería cada bebé, qué sexo tendría, quien obtendría qué empleo, y quién se casaría con quién; y ni una sola vez lo había acertado. Siempre tenía alguna explicación para el error, desde luego, reinterpretando lo que habría querido significar la imagen en los posos del café, y el resto de la familia lo creía respetuosamente, pero yo no podía hacerlo. Nunca pensé en cuestionarla, ya que así había sido siempre mi familia, pero cuando fui adulta, había captado que algo no era del todo correcto, que quizá el "don" de Theía María no era lo que todo el mundo creía que era. Aun así, yo nunca dije una palabra al respecto, sobre todo por respeto a mi mamá.

La predicción de ese día no fue ninguna sorpresa. Desde que yo había roto el compromiso que mis padres habían arreglado para mí cuando tenía dieciocho años (porque escogí la universidad por encima del matrimonio, porque los padres de mi prometido me sentaron con ellos y me dieron un ultimátum, porque una muchacha griega no podía tener más educación formal que su esposo), no era sorprendente que me hubiera convertido en el enfoque místico de las erradas lecturas de Theía María. De hecho, me había convertido en el mayor problema que resolver con el que mis tías se habían encontrado jamás.

Durante los años anteriores, en cada reunión familiar, que siempre incluían más tías, tíos y primos de los que podían caber en una casa, las tías se juntaban en la sala o en torno a la mesa de la cocina hablando de las vidas de todos. No de las suyas propias, desde luego, sino de las vidas de los demás y de la mía en particular. No había nada peor que entrar en la cocina para agarrar otro bocado de baklava y escuchar mi nombre y la conversación posterior acerca de mi "apuro" en la vida.

Mi "apuro" era que, según los buenos estándares griegos para las muchachas, yo era vieja. Muy vieja. Tan vieja, que era improbable que alguien quisiera casarse conmigo. Eso era más que angustioso para mi mamá. Ella nunca me había entendido ni había sabido qué hacer conmigo. Yo había sido poco convencional desde el principio. Cuando ella quiso que aprendiera a cocinar, yo me escabullía a un rincón con un libro. Cuando ella quiso que aprendiera ballet, yo quería jugar fútbol con los muchachos. Cuando ella quería que me sentara y me quedara quieta y callada, mi inclinación era hacia ser líder: en la escuela, entre todos mis amigos, dondequiera que estuviera. Mamá simplemente quería que yo me mezclara, como las buenas muchachas griegas que tenían que verse y no escucharse. Pero yo tenía voz y, como las tías, no tenía miedo a usarla. Solamente que no la usaba, ni ninguno de los atributos que Dios me había dado, del modo en que cualquiera de ellas había esperado. Ahí estaban todos los desafíos, y la razón de que mis tías consideraran que era su tarea rescatar mi vida, aunque fuera con erróneos posos de café.

En cuanto Theía María terminó su predicción de mi futuro, todas ellas al unísono dirigieron su sello de deseo y superstición en dirección a mí: "¡Ftou! ¡Ftou! ¡Ftou!". Aunque no llegó hasta mí ninguno de sus escupitajos, escupir era el modo que tenían de sellar el trato, de repeler el mal que ninguna de ellas quería que me sucediera. Estaban desesperadas por verme casada, y en cierto modo toda esa palabrería era su modo de conseguir que llegara hasta el altar y tuviera hijos. Muchos hijos. Porque eso es lo que hacían las buenas muchachas griegas.

Yo nunca estaba segura de si reír histéricamente o llorar por el daño que me hacía pensar que todas las mujeres adultas en mi familia pensaban que mis ovarios ya no podían trabajar. Nunca. Pero está claro que, por respeto especialmente por mi mamá, nunca hice ninguna de las dos cosas. Éramos griegos, y así había sido siempre. Ruidoso. Una locura. Supersticioso. Religioso. Con muchísima comida. Y escupir. Siempre escupir.

Varios años después, cuando finalmente me casé, Theía Maria, y también todas las tías, quedaron aliviadas y no pudieron resistirse a apropiarse del mérito. Ella estaba convencida de que había visto mi vida amorosa desarrollarse en el fondo de una taza. Yo no pude evitar reír porque, por una vez, quizá captó correctamente una o dos cosas por accidente. Aunque Nick no era "uno de los nuestros", ya que no era griego sino inglés; aunque no estaba "cerca sino que era de lejos", ya que era tan australiano como yo; aunque no entró en mi vida "con una gran fortuna", pues al principio no siempre estábamos seguros de cómo lo lograríamos; él era, tal como ella había dicho, exactamente lo que yo necesitaba, y no le importó en absoluto mi edad. Yo tenía casi los treinta el día de nuestra boda, muchos para una buena muchacha griega, y Nick me amaba de todos modos.

OJALÁ HUBIÉRAMOS SABIDO CÓMO ORAR

Cuando era pequeña, toda mi familia asistía a la iglesia regularmente. De hecho, ir a la iglesia era una parte importante de quiénes éramos con sangre griega corriendo por nuestras venas. Pero por mi experiencia, nuestra cultura y nuestras tradiciones griegas tenían más influencia que la iglesia en nuestras vidas.

Cuando se trataba de los asuntos de la vida, incluido el conseguir que yo me casara, todos abordaban el problema con un poco de iglesia y mucha superstición. En lugar de orar a Dios primero, por ejemplo, lo que más recuerdo son las excentricidades de Theía Maria, o a todos escupiendo, o a mamá agarrando el salero para poder lanzar sal por encima de su hombro; y, claro está, a todas mis tías conversando por horas y horas, como si mientras más conversaban, más probable sería poder resolver cada problema que veían. el mío en particular. Ciertamente, no puedo recordar que alguna vez nos agarramos de las manos y acudimos a Dios pidiendo su ayuda. De hecho, no puedo recordar a nadie en mi familia que sugirieran nunca que nos detuviéramos y oráramos por algo.

Nuestra casa estaba llena de íconos (Jesús, María, y muchos de los santos), y yo ocasionalmente agarraba a mi mamá encendiendo una vela o quemando incienso. Aun así, nunca le escuché orar. Me enseñaron oraciones formales que memorizábamos en griego antiguo y después decíamos en todos los eventos relacionados en la vida (nacimientos, muertes, bautismos, comuniones, confirmaciones), pero bien habría podido recitar cada vez el listín telefónico, porque pronunciaba palabras en un idioma que nunca conocí. ¿Cómo podía conocerlo? En casa hablábamos griego moderno y no antiguo. Aunque yo podía recitar las oraciones, no entendía ninguna de ellas.

En la iglesia, la única persona a la que veía orar era el sacerdote. El servicio duraba tres horas, y él hablaba en griego antiguo todo el tiempo; por lo tanto, yo no sabía realmente lo que estaba diciendo, pero en algún punto supuse que oraba porque hablaba con los ojos cerrados y dirigía su rostro hacia el cielo. En mi mente de niña, creo que al verlo deduje que tenía línea directa con Dios y el resto de nosotros solo podríamos resolverlo lo mejor que pudiéramos. Me quedé con la impresión de que Dios era un Dios grande que estaba demasiado ocupado dirigiendo todo un universo para tener tiempo para personas comunes y corrientes como yo. Nunca me sentí santa, ni digna, ni lo bastante importante para pensar que podía tener comunión con Dios directamente. Sin duda, no recuerdo que ninguna vez me alentaron a conversar con Dios directamente, y sin duda alguna no con mis propias palabras.

Imagino que todo esto podría parecer extraño a menos que, claro está, si tú también te criaste en una cultura griega y engranada en tradiciones y supersticiones, como me pasó a mí. Pero, al mirar atrás, puedo entender por qué mi familia recurría a prácticas supersticiosas más de lo que recurrían a Dios. Ninguno de nosotros entendía el lado personal y relacional de Dios. No sabíamos que Él quería relacionarse con nosotros. Estaba claro para mí que debía confesarme a Dios cuando pecaba (que era con bastante frecuencia, ya que yo podía ser la pequeña canalla), pero pensar que Dios deseaba tener una relación conmigo y que esa relación podía cultivarse mediante la oración, nunca se me habría ocurrido. Todas las oraciones formales que memorizábamos y recitábamos en un entorno formal de iglesia me condujeron a creer que la oración era algo formal y designado para un momento formal. Para mí, la fe no era una relación personal o íntima que pudiera desarrollarse y alimentarse mediante la comunicación con Dios, mediante estar presente ante Él, en cualquier entorno y en cualquier momento del día o de la noche. Sencillamente nunca pensé las cosas de ese modo.

Quizá tú tampoco lo hiciste; o quizá sí. Pero ¿y ahora? ¿Crees que Dios quiere escucharte? ¿Que quiere que cultives una relación con Él mediante la oración? No estoy diciendo que tienes que pasar muchas horas al día conversando con Dios, como hacían mis tías entre ellas, pero ¿pasas tiempo orando a Dios antes de iniciar tu día? ¿O a lo largo del día? ¿Le hablas de todas las cosas que suceden en tu día? ¿O te encuentras hablando más con otras personas? ¿Deseando más sus opiniones? ¿Preguntándote cuál es su postura espiritual sobre todo?

Al mirar atrás y pensar en mis tías reunidas en torno a la mesa de la cocina, puedo ver cuán natural es para nosotros querer hablar con personas que podemos ver en lugar de hacerlo con un Dios a quien no podemos ver. Aun así, Dios quiere que hablemos con Él más que con nadie más. Es un eslabón más en nuestra cadena que nos mantiene anclados a Él, para que así no nos encontremos alejándonos de Él.

EL DÍA EN QUE CAROL ORÓ

Nunca olvidaré la primera vez que pude ver la imagen de alguien orando y que no era un sacerdote. Yo tenía solo catorce años en aquel momento, tomaba clases de religión en la escuela, y observaba y escuchaba mientras una mujer oraba: en inglés, nada menos. Era la década de 1980, y educación religiosa era una materia obligatoria en el sistema escolar de Australia. Cuando no había maestros suficientes, reclutaban a religiosas para enseñarnos. La religiosa que me enseñaba era Carol, y la descripción que hacía de cómo era una vida en Cristo era muy diferente a lo que a mí me habían enseñado. Me crié sabiendo quién era Jesús, claro está; de hecho, era representado gloriosamente con estatuas, sobre vidrieras, en tarjetas de oración y en libros. Pero el Jesús que yo conocía era más un icono que otra cosa, que se colocaba cómodamente sobre la repisa de la chimenea al lado de una réplica del Partenón. En nuestra casa, era más probable que, en lugar de acudir a Jesús, acudiéramos al curandero local, alguien que era conocido por ayudar a romper la maldición del mal de ojo, algo que ningún griego quería tener nunca.

Carol había sido salva en los años setenta, en la época del Movimiento de Jesús y los avivamientos en cafeterías, y semana tras semana, yo estaba allí sentada fascinada, escuchando sus historias sobre cómo Jesús había cambiado su vida radicalmente. Ella había sido adicta a las drogas, y consumía ácido cuando Jesús captó su atención. En aquella época, yo no estaba totalmente segura de lo que era el ácido, pero podía saber por lo que ella decía que era algo de lo que había que mantenerse alejado, sin ninguna duda. Por lo que ella describía, deduje que las alucinaciones no eran algo bueno, incluso si uno pensaba que veía a Jesús en medio de ellas.[1]

Cada martes, después de haber llevado a sus tres hijos a sus escuelas, acudía a la nuestra y nos enseñaba lo que ella sabía. No era muchísimo, y sin duda no era algo que uno esperaría de alguien que tiene estudios de seminario, pero era suficiente para cautivarnos a mí misma y a un puñado de mis amigas. Como puedes imaginar, la mayoría de los veinte niños que había en mi clase se aburrían profundamente. Algunos incluso se dormían en la clase, pero yo no podía apartar mis ojos de Carol. Ella me tenía fascinada con cada una de sus palabras; además, ¡no todos teníamos como maestra de religión a una hippie en la vida real que había experimentado alucinaciones!

Lo que más captó mi atención fue cuando Carol comenzaba y finalizaba cada clase con oración. Yo nunca había oído a nadie conversar con el Dios del universo como si fuera su mejor amigo. Y, cuando Carol oraba, sonaba muy normal. No ponía una voz rara guardada especialmente para cosas de la iglesia; en cambio, simplemente hablaba a Jesús. Como si realmente lo conociera, como si realmente dijera de veras las palabras que oraba, como si quisiera conversar con Él más que con nadie.

Para una muchachita a la que probablemente escupieron cuando salía de la casa para ir a la escuela aquel día, la idea de conversar con Jesús, y después esperar que Él se comunicara de alguna manera, era profunda. Yo me había criado pensando que Él estaba demasiado ocupado con todas las grandes cosas de este mundo para tener tiempo para mí, pero Carol oraba como si esperara que Él tuviera tiempo para ella y para todos nosotros. Carol parecía pensar que Jesús se interesaba personal e íntimamente por cada uno de nosotros, y que conocía todo sobre cada uno. Eso era revolucionario para mí. ¿Cómo no podía yo al menos considerar orar a Dios de ese modo?

LA ORACIÓN ES ACCESO PLENO

Carol hacía que la oración fuera muy comprensible para mí. Podía identificarme. Al escucharle orar, parecía una conversación, y me hacía querer conversar con un Dios que parecía querer escucharme. El reformador escocés John Knox llamaba a la oración "una conversación sincera y familiar con Dios".[2] Creo que dio en el clavo.

Entiendo que, dependiendo de nuestra crianza espiritual, la oración puede parecer idealista o incluso aburrida, pero es en la oración como aprendemos a confiar en Él. Es en la oración donde recordamos que Dios es grande, soberano y todopoderoso. Es en la oración donde podemos llevar ante Dios nuestras preocupaciones, ansiedades y afanes. Es donde podemos derramar nuestros corazones ante Él. Es en la oración donde confesamos nuestros pecados y recibimos perdón; es en la oración donde podemos pedir sabiduría, ayuda, conocimiento, comprensión, fortaleza y valentía. Es en la oración donde podemos pedir a Dios que supla todas nuestras necesidades. Es en la oración donde podemos hacer guerra espiritual, donde podemos batallar y prevalecer en su poder. Es en la oración donde podemos dar gracias, adorar y alabar a Dios. Es en la oración donde podemos estar callados y esperar en Dios. Donde podemos escuchar; donde podemos desarrollar intimidad con Dios; donde podemos llegar a conocerlo y sentirnos conocidos por Él. ¿No es eso lo que todos estamos buscando? ¿Ser vistos? ¿Ser escuchados? ¿Ser conocidos? ¿Ser amados? Tener una proximidad cercana con alguien regularmente es un componente muy importante a la hora de evitar que nos alejemos de esa persona, y también mantenernos anclados emocionalmente con él o ella. Así es también con nosotros y Dios mediante la oración.

La oración es un privilegio; un honor; una delicia. Hablar a nuestro Padre celestial y escucharlo, sin que haya nada ni nadie que se interponga entre nosotros, es algo que podemos *comenzar* a hacer. Al haberme criado en un mundo donde no entendía que podía hablar directamente a Dios y que nada podía separarme de la presencia de Dios (ver Romanos 8:31-39), aquello me resultó asombroso. Yo no sabía que, cuando Jesús murió en la cruz, el velo del templo "se rasgó en dos" (Mateo 27:51), y mucho menos lo que significaba. Más adelante aprendí que el velo era una cortina en el templo que separaba a la gente del lugar santísimo, donde habitaba la presencia terrenal de Dios.[3] Justo después de la muerte de Jesús, el velo se rasgó literalmente de arriba abajo, significando que cualquiera de todos los intermediarios, como los sacerdotes del Antiguo Testamento,

> La oración es un privilegio; un honor; una delicia. Hablar a nuestro Padre celestial y escucharlo, sin que haya nada ni nadie que se interponga entre nosotros, es algo que podemos *comenzar* a hacer.

los líderes religiosos del Nuevo Testamento, incluso los sacerdotes de los que yo había aprendido y había escuchado de pequeña, ya no eran necesarios para que yo pudiera conversar con Dios.

¿Te das cuenta de lo que eso significa para ti y para mí hoy? Como hijos de Dios, podemos acudir hasta el trono de Dios. El escritor de Hebreos dijo: "Así que acerquémonos confiadamente al trono de la gracia para recibir misericordia y hallar la gracia que nos ayude en el momento que más la necesitemos" (4:16 NVI).

¡Eso significa que tenemos acceso! Como un pase con acceso a camerinos. El Dios del universo, Aquel que puso las estrellas en el cielo, quien habló y les dio existencia, Aquel que todo lo sabe, todo lo puede y está siempre presente, nos ha dado acceso a estar con Él en cualquier momento del día o de la noche. ¡Porque quiere estar con nosotros! Conectado a nosotros. Tenemos literalmente una invitación abierta a acudir al salón del trono, llenos de confianza en que Dios quiere oír lo que tenemos que decir. No hay nada (ningún error, ningún pasado, ningún pecado, ninguna persona, ninguna vergüenza) que pueda bloquear nuestro acceso a Dios.

¿Puedes sentir la magnitud de lo que eso significa? Nada puede alejarte de Dios. Nada. Igual que cuando mis hijas eran pequeñas y corrían a nuestro cuarto en la mañana y saltaban a la cama con Nick y conmigo, así podemos correr a nuestro Padre celestial. Nosotros nunca habríamos apartado a nuestras hijas. Nunca habríamos cerrado la puerta con cerrojo y les hubiéramos dejado en el pasillo suplicándonos entrar. En cambio, les dábamos acceso libre. Nos deleitaba que sintieran la libertad de correr a nosotros.

Tengo que admitir, sin embargo, que a medida que se han hecho mayores ya no acuden a nosotros dando saltitos. No como solían hacerlo. Se han convertido en adolescentes que duermen la mitad del día siempre que tengan la oportunidad. Me encanta la etapa en la que están ahora. Tenemos las conversaciones más asombrosas con ellas, y cuando Nick y yo estamos de viaje, constantemente nos mantenemos en contacto con ellas mediante FaceTime y mensajes de texto. Es el modo de seguir conectados unos con otros, para que no nos alejemos como familia. Mantenernos en comunicación nos mantiene cerca y en la misma página. Nos mantiene actualizados sobre todo lo que sucede en nuestras vidas. Pero, para ser sincera, extraño que sean pequeñas y corran a nuestro cuarto y salten sobre nuestra cama.

CORRER HASTA DIOS

Si la aventura de la oración nos mantiene anclados en una relación íntima con Dios, entonces quizá cuando descubramos que nuestra comunicación con Dios se vuelve menos frecuente, tiene menos prioridad, es menos transparente y menos vital, podemos suponer con seguridad que nos estamos alejando. Cuando descubrimos que nos estamos alejando de la dependencia de Dios hacia la confianza en nosotros mismos y la independencia lejos de Él, entonces estamos perdiendo el rumbo.

Martín Lutero, el sacerdote y teólogo alemán que inició la Reforma Protestante, dijo una vez: "Ser cristiano sin oración no es más posible que estar vivo sin respirar". Desde mi experiencia, no podría estar más de acuerdo. Cuando se trata de perder el rumbo, la oración es una de las prácticas que nos mantiene más anclados. Digo esto porque vemos en la Escritura que Jesús se mantenía conectado con su Padre celestial mediante la oración. Oraba cuando estaba a solas (ver Mateo 26:36-44). Oraba cuando estaba con personas (ver Lucas 10:21). Oraba antes de comer (ver Mateo 15:36; 26:26; Lucas 24:30; Juan 6:11), viajando, y tomando decisiones importantes, como cuando oró toda la noche antes de escoger a sus doce discípulos (ver Lucas 6:12-13). Oraba antes, durante y después de sanar personas (ver Marcos 7:34-35; Lucas 5:12-16; Juan 11:41-42). Oró por sí mismo (ver Juan 17:1-5), por sus discípulos (ver Lucas 22:31-32; Juan 17:6-19), y por todos los creyentes (ver Mateo 19:13-15; Juan 17:20-26). Oró por la voluntad de su Padre (ver Lucas 22:42). Oró para que otros fueran perdonados (ver Lucas 23:34). Oró en medio de su dolor y su sufrimiento (ver Mateo 27:46). Y lo que me resulta especialmente asombroso, hasta la fecha, es que no ha dejado de orar; vive siempre para hacer intercesión por ti y por mí (ver Hebreos 7:25).

> Cuando se trata de perder el rumbo, la oración es una de las prácticas que nos mantiene más anclados.

Pero para nosotros, aunque todos queremos ser como Jesús, dejar a un lado la oración puede suceder con mucha facilidad. Podemos estar ocupados, olvidarnos o distraernos, y antes de que nos demos cuenta podemos comenzar a ver la oración como un último recurso o una actividad que encajar en nuestro calendario, si es que lo hacemos, contrariamente a que sea un tiempo para conectar con Aquel que amamos... y que nos ama. O si nos sentimos decepcionados o desalentados con Dios, o incluso enojados con Él, entonces es fácil dejar pasar un día sin orar, y ese día se convierte en una semana, y esa semana se convierte en un mes, y antes de darnos cuenta, los meses se han convertido en un año.

¿Te has preguntado alguna vez cuánto nos extraña Dios cuando nos alejamos de Él? ¿Cuando dejamos de correr hasta su trono de gracia como solíamos hacer? Saltar a sus brazos.

Contarle todo sobre nuestro día y nuestros sueños, nuestros afanes y preocupaciones, nuestras alegrías y nuestras victorias. Hablarle de todas las personas que amamos y de las personas que queremos que lo conozcan a Él del modo en que nosotros lo conocemos. Derramar nuestros corazones ante Él cuando nos sentimos atacados por momentos desgarradores que nunca vimos llegar. Confiar en Él cuando no entendemos lo que está sucediendo o por qué. Apoyarnos en su consuelo en nuestros días más oscuros.

Me pregunto cómo se siente Él cuando nos alejamos, aunque la respuesta está en las páginas de la Escritura. Muchas veces, a lo largo de miles de años, Él ha dicho a su pueblo: "Vuélvanse a mí" (Nehemías 1:9; Oseas 6:1, 14:1; Zacarías 1:3) o "Regresen a mí", o a quienes no lo conocen: "Vengan a mí" (Mateo 11:28; Juan 6:37). Toda la Escritura revela el corazón de Dios (desde la creación a que seamos una nueva creación), su deseo de relación, su amor infinito por nosotros.

Todos conocemos el dolor de que un ser querido se aleje de nosotros. Y lo cierto es que Dios lo ha experimentado con más frecuencia, y a un nivel mayor, que cualquiera de nosotros lo hemos experimentado nunca. Aun así, nos sigue amando. Se acerca a nosotros. Nos persigue, sin importar por qué nos hemos alejado.

Algunas veces, cuando sentimos que Él no ha intervenido o no ha respondido nuestras oraciones del modo en que habíamos esperado, es fácil querer dejar de conversar con Dios, igual que naturalmente queremos alejarnos y dejar de hablar con personas que nos decepcionan, que no nos ayudan. Es como si las mismas razones por las que acudimos a Dios en oración pueden ser las mismas razones que nos alejan.

Yo sé lo que es no recibir respuesta a la oración del modo que había esperado. Estoy segura de que también tú sabes lo que es eso. Incluso los miembros de la iglesia primitiva sabían lo que era eso. En un período en el que la iglesia estaba en pleno desarrollo, el rey Herodes Agripa quiso el favor del pueblo judío y de sus líderes: a cualquier costo.[4] Por lo tanto, fue tras los cristianos para perseguirlos, incluyendo a dos de los apóstoles que habían sido especialmente cercanos a Jesús. Hizo arrestar primero a Jacobo, y después lo decapitó (ver Hechos 12:2). Después hizo arrestar a Pedro (ver v. 3), y era la tercera vez. Las dos primeras veces, Pedro había sido liberado (ver Hechos 4:7-21; 5:18-20), de modo que, en esta tercera ocasión, Herodes lo situó bajo máxima seguridad, con dieciséis soldados haciendo turnos para custodiarlo. Incluso dos de ellos estaban encadenados a Pedro (ver 12:4-6). Herodes sabía que esos cristianos tenían un modo de escapar. O bien resucitaban de la muerte como Jesús, o eran rescatados como Pedro por ángeles. En cualquiera de los casos, no iba a arriesgarse esta vez.

Pero entonces, la noche antes de que Pedro fuera a ser juzgado, apareció un ángel y sacó a Pedro de aquella prisión (ver vv. 7-10). Una vez más, fue liberado milagrosamente.

Quiero que nos enfoquemos aquí en que, cada vez que se produjo este milagro, la iglesia estaba orando (ver v. 12). Con sinceridad; con fervor. Aunque no todo era como esperaban. Jacobo estaba muerto, y Pedro estaba vivo, pero encarcelado otra vez. La iglesia primitiva estaba desconsolada, pero cuando podrían haber estado desalentados, abatidos, enojados, o con el corazón endurecido, no dejaron de orar. No parecían tener un dilema de fe porque Jacobo había muerto y Pedro seguía con vida. Parecían entender que la oración se afirma sobre la confianza en Dios, incluso cuando no entendemos lo que Él está haciendo.

Más de dos mil años después, no sé por qué algunas personas viven y otras no. No sé por qué cosas por las que oramos con tanta fuerza no siempre salen bien. No sé por qué se producen sufrimientos y tragedias inimaginables, a pesar de nuestros mejores esfuerzos en la oración. A pesar de que todas las personas que conocemos estén orando con nosotros y por nosotros. Me imagino que todos tenemos a un Jacobo en nuestras vidas. La persona que murió en lugar de ser sanada. El hijo que se alejó más en lugar de ser atraído hacia Dios. El matrimonio que se desmoronó en lugar de ser restaurado. La inversión que salió mal en lugar de allanar el camino para nuestro retiro. El empleo del que nos despidieron en lugar de ascendernos como habíamos esperado.

¿Cuál es tu Jacobo? ¿Hay una razón por la que dejaste de creer que la oración puede cambiar las cosas? ¿Hay una razón por la que quizá no corres hacia Dios con el mismo tipo de fe que tenías antes? ¿Con el mismo fervor que antes sentías?

Cualquiera que sea la razón, cuando nos encontramos sin querer conversar con Jesús tanto como lo hacíamos antes, o por tanto tiempo como lo hacíamos antes; cuando nos encontramos queriendo hablar más con personas que con Jesús, estamos perdiendo el rumbo. Si pensamos más de lo que oramos, si subimos cosas al Internet más de lo que oramos, si nos desahogamos más de lo que oramos, incluso si pedimos a otros que oren por nosotros más de lo que nosotros mismos presentamos las cosas a Jesús, entonces estamos perdiendo el rumbo, y es el momento de correr hacia Jesús una vez más.

LA ORACIÓN NOS ANCLA

Uno de mis lugares favoritos para orar es caminando por la playa: cualquier playa en cualquier lugar del mundo. Si estoy en casa en California caminando por la costa de Pacífico, o cerca de nuestras oficinas en Grecia empapándome del Mar Mediterráneo, o en Ciudad del Cabo en Sudáfrica, haciendo senderismo a plena vista del Atlántico, camino y oro. Converso con Dios en voz alta, confesando mis pecados, presentándole mis peticiones, y hablándole de otros que conozco y necesitan ayuda, respuestas y dirección. Le recuerdo lo que Él me ha llamado a hacer y que ha prometido ayudarme a cumplir mi propósito. Le doy gracias porque reorienta mi perspectiva y me ayuda a ver las cosas como las ve Él. Le digo cuán agradecida estoy: por Nick, por nuestras hijas, por nuestro equipo, por el trabajo que Él ha puesto delante de nosotros. Y me enfoco en el cielo, adorándolo a Él, ofreciéndole toda mi adoración. Ofreciéndole todo de mí.

Cada vez que oro de esas maneras, no lo hago en ningún orden en particular. No soy dada a una fórmula de oración, sino más bien a una relación en oración. Una conversación entre Dios y yo.

Oro cuando estoy contenta. Oro cuando estoy triste. Oro cuando estoy descansada. Oro cuando estoy cansada. Oro cuando estoy en casa. Oro cuando estoy en un avión. Oro cuando necesito respuestas, y oro cuando solo necesito seguridad. Oro cuando es fácil, y oro cuando es difícil. Incluso oro cuando parece que Dios no me está escuchando. Cuando, sin importar cuánto intento escucharlo a Él, lo único que siento es silencio. En lugar de tomar su silencio como rechazo, desaprobación o indiferencia y darle el trato del silencio, oro. En lugar de juzgarlo como que no se interesa, oro. Sin importar lo que suceda, sin importar en qué parte del mundo esté, sin importar qué hora del día sea, cuando surge algo en mi corazón o se cruza por mi mente, oro.

La oración es una declaración de independencia. Es nuestro modo de decir: "Dios, te quiero. Te necesito". Cuando llevamos algo a Dios en oración, estamos diciendo: "Dios, quiero tu gobierno, quiero tu reinado, pido tu dirección, quiero tu voluntad, quiero tu ayuda en esto. Te quiero a ti en esto". Y cada vez que nos apartamos de Dios, también estamos haciendo una declaración: "Dios, yo soy bueno. Tengo esto controlado"; "Dios, para ser sincero, no estoy tan interesado en lo que tú tengas que decir acerca de esto". Cuando seas tentado a dejar a un lado el lugar secreto de oración, cuando seas tentado a hacer algo fuera de tu conversación con Él, hazte esta pregunta: *¿Quiero abordar esto sin Él?* No hay ningún bien ni ninguna vida en eso, ya que Él es vida. Acudir a Dios en oración es involucrarlo, incluirlo, aferrarnos a Él.

Si yo no orara, perdería el rumbo. Incluso cuando me encontré a mí misma queriendo tocar la campana, cuando sentía que estaba atravesando uno de los tiempos más difíciles de mi vida ministerial, cuando no sentía que tenía la fuerza para orar, oraba. Muchas veces en ese período no sentía que mis oraciones importaban. Tenía la sensación de que rebotaban en el techo. Como si estuviera hablando conmigo misma y con nadie más, como si la oración fuera una pérdida de tiempo y no hacía ningún bien. Aun así, oraba. Tengo que admitir que, durante ese período, fue más parecido a lamentar, a llorar y gritar, e incluso tuve uno o dos berrinches, pero seguía acudiendo a Dios. Supongo que todo eso sigue encajando bajo la categoría de oración. Recuerdo que un día le dije a Nick: "Bueno, por lo menos sigo amarrada a Dios porque aún converso con Él, aunque sea con algunos gritos".

Antes de que me juzgues, no olvides que incluso el rey David (ya sabes, el hombre conforme al corazón de Dios) oró en una ocasión: "¿Hasta cuándo, Señor, me seguirás olvidando? ¿Hasta cuándo esconderás de mí tu rostro? ¿Hasta cuándo he de estar angustiado y he de sufrir cada día en mi corazón? ¿Hasta cuándo el enemigo me seguirá dominando?" (Salmos 13:1-2).

¿No es bueno saber que, sin importar cómo sea nuestro berrinche, Dios no se aleja? Hasta la fecha, cuando oro, soy muy sincera con Dios; delante de Él soy mi verdadero yo. Entiendo que el yo puede ser demasiado para las personas, pero nunca es demasiado para Dios. Él sabe todo lo que está sucediendo en mi interior y en mi vida. Conoce lo que está cargando mi corazón y mi mente. No hay modo alguno de ocultarlo de Él. Aún así, Él quiere que sea sincera y que lo exprese. Quiere que todos lo expresemos. Dios puede manejar cualquier cosa que derramemos delante de Él, del modo en que lo hagamos. No quiere que nos guardemos las cosas. Sea lo que sea lo que sintamos, Él no quiere que lo reprimamos o lo interioricemos, ya que eso solo hará que nos alejemos. En cambio, Dios quiere que derramemos nuestros corazones delante de Él. Quiere que oremos.

> Cuando oro, soy muy sincera con Dios; delante de Él soy mi verdadero yo. Entiendo que el yo puede ser demasiado para las personas, pero nunca es demasiado para Dios.

¿Sobre qué se supone que debemos orar? Todas las cosas (ver Filipenses 4:6).

¿Cuándo debemos orar? Todo el tiempo (ver 1 Tesalonicenses 5:16-18).

Todas las cosas... todo el tiempo. ¿Hay algo en la categoría de "todas las cosas" en la vida que necesitas llevar ante Él en este día? ¿Por primera vez... o por milésima vez?

¿Quieres más de Él hoy? ¡Ora hoy!

¿Necesitas hoy sabiduría o dirección? ¡Ora hoy!

¿Hay enemigos que te cercan hoy? ¡Ora hoy!

¿Es necesario el perdón hoy? ¡Ora hoy!

¿Enfrentas tentación hoy? ¡Ora hoy!

¿Hay una relación que necesita reconciliación hoy? ¡Ora hoy!

¿Necesitas una victoria en algún área hoy? ¡Ora hoy!

¿Tienes falta de recursos hoy? ¡Ora hoy!

¿Es necesaria hoy sanidad, paz o salvación? ¡Ora hoy!

¿Necesita alguna fortaleza ser derribada hoy? ¡Ora hoy!

¿Te han dicho que es imposible hoy? ¡Ora hoy!

Como dice mi amiga Rebekah Layton, la oración es a la vez una gracia y una ganancia: una gracia que nos mantiene anclados a Él y una ganancia que avanza su gobierno y su reinado.

A nuestro Dios le gusta que lo busquemos. Nuestro Dios es un Padre bueno. Nuestro Dios hace lo imposible. Nuestro Dios es muy, muy fiel... fiel en escuchar, y fiel en responder. Que también nosotros seamos fieles. Fieles en creerlo a Él, en creer que nos escucha, y fieles en buscarlo en Él en el lugar de oración. Porque lo necesitamos. Porque lo amamos. Porque lo queremos. Porque lo anhelamos y queremos que venga su reino. Porque no queremos perder el rumbo.

SABES QUE HAS PERDIDO EL RUMBO CUANDO…DEJAS DE REUNIRTE Y COMIENZAS A AISLARTE

Hay una diferencia entre soledad y aislamiento.
Una está conectada y la otra no. La soledad rellena,
el aislamiento resta.

—Henry Cloud

Manejando por las calles de Doha, en Qatar, mientras asimilaba todos los rascacielos y la arquitectura majestuosa, pensé que la ciudad parecía haber sido levantada directamente de las arenas del desierto de Rub´ al-Khali. Los edificios, construidos como si fueran olas, parecían imitar la marea verdeazulada del Golfo Pérsico acercándose a la orilla. Bulevares impolutos flanqueados por majestuosas palmeras dibujaban todo el paisaje de la ciudad, exhibiendo cada diseño como si fuera una obra de arte. A medida que avanzábamos hacia el corazón de la ciudad, la arquitectura continuaba siendo una maravilla moderna tras otras, solo que ahora se intercalaban algunos diseños islámicos más tradicionales, estructuras más bajas que parecían de estuco inundadas por suaves matices del desierto de colores crema, amarillo y tostado.

Nick y yo llevábamos ya unos días allí, pues yo era una de las oradoras en una conferencia de liderazgo, y cada vez que manejábamos por la ciudad, las vistas no defraudaban. Ese día íbamos de camino a una iglesia donde me habían invitado a hablar. Nos llevaba Joseph, un expatriado que vivía y trabajaba en la capital, y su amigo y colega Samuel. Los dos eran parte de la población minoritaria de cristianos que tienen su hogar en este país del Oriente Próximo.

Joseph había hablado una gran parte del tiempo, contándonos sobre el desarrollo de la ciudad y los hechos interesantes que quizá los visitantes quisieran saber. El tipo de información que a mí me gusta saber dondequiera que viajo. Y aunque comencé prestando mucha atención a cada una de sus palabras, llegó un momento en que no pude evitar distraerme. Mi corazón estaba lleno y rebosante, casi acelerado. Con esperanza. Con gozo. Con la emoción de ver a Dios desplegar lo que estaba haciendo en su iglesia en esta parte del mundo. No había podido dormir, y contrariamente a la mayoría de las veces cuando viajo internacionalmente, no se debía al jet lag. En lo profundo de mi ser, no quería perderme nada de lo que pudiera estar sucediendo, parecido a lo que siente el niño la noche antes de unas vacaciones de verano.

Todavía mirando por la ventanilla a los edificios y las personas que pasaban borrosas por mi vista, a los autos y la vida de la ciudad, pensé en lo mucho que esta parte del mundo ha estado entretejida en la historia de mis ancestros. Mis padres habían nacido en familias griegas en Alejandría, Egipto, aunque no se conocieron hasta después de haber inmigrado a Australia. Fue la generación anterior a ellos, los que habían huido de Grecia y

Turquía después del genocidio griego de 1922, los que causaron que gran parte de mi familia estuviera allí. Debido a que mis padres se criaron en Egipto, los dos hablaban árabe con fluidez, un regalo que disfrutaban especialmente cuando no querían que mis hermanos y yo supiéramos lo que estaban diciendo. Todavía puedo recordar intentar descodificar con todas mis fuerzas todas las sílabas que escuchaba, decidida a averiguar lo que podrían estar ocultándonos, aunque nunca tuve éxito. A pesar de mudarnos a Australia, mis padres nunca dejaron su herencia griega, o la influencia obvia de haber nacido y haberse criado en el Oriente Próximo. Incluso nuestra mesa en la cena los domingos reflejaba la mezcla de alimentos que les gustaban. Falafel, dolma, kushari, baklava. Era siempre lo mejor de ambos mundos. Yo he pensado con frecuencia que mi herencia probablemente explica la razón por la que, por tanto tiempo como puedo recordar, he tenido un lugar muy especial en mi corazón para el Oriente Próximo.

A medida que nos acercábamos a las afueras de la ciudad, captó mi atención que Joseph estaba comenzando a compartir más sobre su historia personal y menos sobre la ciudad. Su familia extendida había vivido en Qatar por unos treinta años, dijo, como expatriados de India que trabajaban en la industria petroquímica tan prevaleciente en todo el Oriente Próximo. Eran cristianos, pero durante los primeros quince años que vivieron en el país no se les había permitido expresar su fe de ninguna manera. Ningún cristiano podía hacerlo. No públicamente, ni en el trabajo, ni en la casa. En cierto momento, Samuel interrumpió brevemente, relatando que su familia había conocido a personas que lo hicieron y que habían perdido sus empleos, fueron obligados a salir del país, o fueron llevados a la cárcel.

Joseph pasó a explicar que solo en los últimos quince años se les había permitido hacer reuniones de iglesia con otros cristianos. Ciertas denominaciones cristianas aprobadas habían recibido permiso para construir edificios para la iglesia, pero solamente dentro de un complejo religioso muy fortificado y designado, establecido en las afueras de la ciudad.[1] Había reglas estrictas relacionadas con cuándo podían reunirse los cristianos y por cuánto tiempo, y cada una de ellos tenía que estar registrado para tener permiso para entrar en el complejo religioso. Aun así, Joseph dijo que, debido a que poder asistir a una reunión en la iglesia le hacía sentirse mucho más conectado con el cuerpo de Cristo, eso hacía que el trayecto y cumplir con todos los requisitos para llegar allí valían la pena sin ninguna duda.

En cuanto Joseph mencionó ese complejo, yo capté una vislumbre de todo ello en la distancia. Parecía ser una instalación cerrada que se extendía por el desierto, con edificios que sobresalían por el perímetro. A medida que nos acercábamos a la entrada, pude ver grandes puertas metálicas donde había oficiales, muy parecido a un puesto de control en una base militar. Aparentemente, tendríamos que detenernos antes de que se nos permitiera entrar.

Al llegar a la puerta, Joseph mostró una forma de identificación y también un permiso especial para mí, ya que era la oradora invitada en una de las iglesias ese día. Solo después de que el oficial nos preguntara a cada uno si éramos cristianos y le mostramos nuestros pasaportes, nos permitió la entrada en el complejo. Joseph explicó que cualquier otra vez habría tenido que estacionar mucho más lejos de las instalaciones e ir caminando bajo el calor del desierto hasta llegar al punto de entrada. De hecho, dijo que esa era la primera vez que había entrado por la puerta manejando. No pude evitar observar a todas las personas que iban y venían. Todas se veían muy felices, muy contentas de estar allí.

Avanzando por las instalaciones, Joseph señalaba las diferentes iglesias. Católica. Ortodoxa griega. Copta. Bautista. Asambleas de Dios. Y continuó mostrando otras. Más adelante supe que la iglesia católica no era solo el primer edificio entre todas ellas, sino también la primera iglesia construida en los últimos catorce siglos en Doha.[2]

A medida que pasábamos al lado de más edificios en el interior de otras áreas cercadas, Joseph señaló otras que reflejaban grandes creencias cristianas tradicionales de África, las Filipinas y la India. Cuando pregunté por qué todos los edificios se veían tan parecidos, ya que realmente no podía distinguir unos de otros solamente mirándolos, Joseph explicó que los diseños estaban restringidos por el gobierno. No se permitía a nadie mostrar ninguna de las señales reveladoras de las iglesias. No se permitían cruces, ni agujas, ni campanas. Aunque nos dijo que algunas tenían pequeñas imágenes pintadas con aerógrafo en el interior.[3]

Una vez dentro, Nick y yo adoramos con el pequeño grupo que se había reunido en la sala donde estábamos, y con todas las otras personas distribuidas por todos los edificios en el complejo. Cuando tomé un momento y miré a la multitud, las caras de las personas parecían decirlo todo. Querían estar allí adorando a Dios más que en ningún otro lugar en el planeta. Y nada, ni las puertas metálicas, el calor del desierto o las estrictas restricciones, podían evitar que no estuvieran. Yo no pude evitar sentirme del mismo modo.

LA LIBERTAD DE REUNIÓN

La iglesia es iglesia en todo el mundo. He tenido el privilegio de ministrar en iglesias locales en más de cincuenta naciones.

Algunas se han reunido en auditorios inmensos con capacidad para miles de personas, y otras en santuarios mucho más pequeños, lugares que han incluido todo, desde cines, centros comunitarios, almacenes, escuelas y hogares. He estado con miembros de la iglesia clandestina en China. En el corazón de toda reunión siempre ha estado el poder de las personas unidas en adoración, ensalzando juntas al rey Jesús. Personas acercándose para oír su Palabra predicada, para orar unos por otros, tener comunión unos con otros, partir el pan juntos, estudiar juntos las Escrituras, y regocijarse al ver a otros ser bautizados. Hay algo muy único y poderoso que sucede cuando el cuerpo de Cristo se reúne. Aquel día en Qatar no fue una excepción.

Aun así, no podía dejar a un lado la realidad de que no es fácil ser un seguidor de Jesús en esta parte del mundo, donde poco más del diez por ciento de la población es cristiana.[4] Yo crecí en Australia, y ahora vivo en los Estados Unidos, de modo que siempre he conocido la libertad de religión. Nunca he vivido en una nación que no me permitiera reunirme con cristianos en cualquier lugar donde quisiera y siempre que quisiera. Nunca he vivido en algún lugar que no permitiera tener símbolos religiosos mostrados públicamente, incluso sobre mi escritorio en el trabajo, o que fueran representados en edificios, para dar a conocer a todo el mundo que era un lugar de adoración.

Cuando terminó el servicio, Nick y yo fuimos a almorzar con varias parejas de la iglesia porque, bueno, nos esperaban hummus, manakeesh, y tabulé. Nuestra conversación se dirigió hacia los desafíos que aquellos queridos hermanos y hermanas en Cristo enfrentaban como cristianos en esta región del mundo, y especialmente los que enfrentaban aquellos que decidían ir a la iglesia y reunirse abiertamente con otros creyentes. No pude evitar preguntarme por qué seguían queriendo asistir, particularmente cuando habría sido mucho más fácil y más seguro quedarse en sus casas. Solamente un año antes había habido un ataque terrorista allí en el complejo religioso. Solo podía imaginar lo que debió haber pasado por sus mentes cada vez que atravesaban el punto de entrada. Realmente me preguntaba si yo seguiría asistiendo a la iglesia con mi familia bajo tales condiciones. Me gustaría pensar que tendría el valor para hacerlo, pero durante nuestro almuerzo descubrí que aquellos cristianos del Oriente Próximo tenían una fortaleza y una pasión que yo envidiaba. Estaban llenos de amor, gozo y paz, compartiendo con nosotros abiertamente historias sobre personas en su congregación. Estaban muy agradecidos por poder reunirse, sin importar cuán grande fuera el costo.

Escuchar sus historias me hizo pensar en los cristianos judíos de la iglesia primitiva, los que se mencionan en el libro de Hebreos. Me dio un poco más de perspectiva sobre lo que podría haber sido para ellos cuando el autor de Hebreos les escribió, instándolos a seguir reuniéndose a pesar de los obstáculos que tendrían que superar.

Ellos vivían en una cultura donde la mayoría de las personas no eran seguidores de Jesús, igual que ocurría en Doha, y debido a que querían expresar su fe, estaban siendo amenazados y perseguidos. Perdían sus propiedades, eran rehuidos en sus comunidades, e incluso algunos fueron martirizados (10:33-34). Debido al temor no se reunían, muchos de ellos se ocultaban en sus hogares, y otros se dispersaban por los campos circundantes, todo ello debido a que juntarse podría costarles la vida.[5] Pero, a pesar del peligro, a pesar de su temor, el escritor de Hebreos los instó: "Y considerémonos unos a otros para estimularnos al amor y a las buenas obras; no dejando de congregarnos, como algunos tienen por costumbre, sino exhortándonos; y tanto más, cuanto veis que aquel día se acerca" (10:24-25).

Me resulta asombroso que, a pesar de todos los riesgos obvios que tenía reunirse como creyentes para adorar a Jesús durante aquellos tiempos, los beneficios debieron haber sobrepasado con diferencia a los riesgos. El escritor de Hebreos podría haber dicho: "Quédense en sus casas, no se reúnan, hagan todo lo posible para protegerse". Pero, en cambio, dijo lo contrario: "no dejando de congregarnos".

Que el escrito de Hebreos dijera: "no dejando de congregarnos", da a entender que hay un beneficio que obtenemos al reunirnos y que no obtendríamos si no tomáramos el tiempo para hacerlo. Como ya hemos establecido que lo único que hay que hacer para perder el rumbo es nada, entonces quizá descuidar el reunirnos es una manera más en que podemos ser propensos a alejarnos. En otras palabras, cuando se trata de la iglesia, no tenemos que hacer nada impío para encontrarnos perdiendo el rumbo; lo único que tenemos que hacer es simplemente no reunirnos. Pero, como escribió Matt Merker durante la pandemia de 2020 en un artículo titulado "¿Por qué reunirnos? Pensar en reunirnos cuando las iglesias no pueden hacerlo", reunirse no es solo lo que hace la iglesia; es parte de lo que *es* la iglesia. Dios nos salvó como individuos para ser colectivamente una asamblea corporativa.[6] En el griego original, la palabra para "asamblea" es *ekklesia*.[7] Según Merker, es "la misma palabra que utilizaron los escritores del Nuevo Testamento para referirse a la iglesia local. Es simplemente el término para una reunión. Pero, cuando se aplica a la iglesia, conlleva la rica connotación

> No tenemos que hacer nada impío para encontrarnos perdiendo el rumbo; lo único que tenemos que hacer es simplemente no reunirnos.

del Antiguo Testamento de permanecer juntos como el pueblo escogido de Dios".[8]

He oído decir que la iglesia es la gente, no un lugar. Tengo la seguridad de que yo misma he dicho algo parecido a eso antes. Es cierto que una iglesia sigue siendo una iglesia incluso cuando no se reúne, pero considerémoslo de este modo: mi hija Catherine jugaba voleibol en la secundaria. Hizo las pruebas y consiguió un puesto en el equipo. Desde ese momento en adelante, estaba en el equipo las 24 horas del día. Incluso cuando ella y sus compañeras de equipo no estaban reunidas, se les consideraba colectivamente el equipo. Aun así, ninguna de las muchachas podía estar en el equipo y no presentarse nunca a los juegos. Todas tenían que participar. Tenían que reunirse para entrenar y después competir en los juegos. Del mismo modo, la iglesia es la gente, pero es también un lugar porque una iglesia se convierte en una iglesia cuando sus miembros se reúnen y participan en ese lugar.[9] Entiendo que la iglesia, claro está, es más que una reunión, pero como dijo también Merker, nunca es menos.[10]

Cuando la iglesia se reúne en adoración colectiva, quienes están en la congregación se hacen visibles los unos para los otros. El teólogo Everett Ferguson lo dijo de este modo: "En la asamblea, la iglesia se convierte en ella misma. Se vuelve consciente de sí misma, confiesa ser una entidad distintiva, se muestra a sí misma lo que es: una comunidad (un pueblo) reunida por la gracia de Dios, dependiente de Él, y que lo honra a Él. La asamblea permite que la iglesia emerja en su verdadera naturaleza".[11]

Como iglesia, fuimos creados para reunirnos, después dispersarnos, y después volver a reunirnos.[12] Hay un propósito en nuestra reunión y en que nos dispersemos. Necesitamos ambas cosas, no solo una o la otra.

Esto es parte de lo que nunca entendí cuando era niña. Tenía que ir a la iglesia cada domingo porque mis padres me obligaban. Ser griega era ser ortodoxa, y asistir a la iglesia era en una expectativa cultural, especialmente ya que éramos parte de una comunidad inmigrante en un país extranjero. Juntarnos en nuestra iglesia local ortodoxa griega era el lugar de reunión central de la semana para la mayoría de los inmigrantes griegos en nuestra ciudad. No asistir a la iglesia simplemente no habría sido nunca una opción. Como el sacerdote hablaban en griego antiguo, yo nunca entendía lo que sucedía, y por eso nunca se me ocurrió que lo que ocurría en la iglesia los domingos pudiera tener cualquier influencia en mi lunes, martes, miércoles, jueves, viernes o sábado. La iglesia no tenía ninguna relevancia en mi vida. Era algo que significaba todo para mis padres, pero desde mi punto de vista, parecía como si fuera más por razones culturales que espirituales. No es sorprendente que, en cuanto llegué a la adolescencia y me permitieron tomar más decisiones por mí misma, dejé de asistir.

No tenía ni idea de lo que quería decir el escritor de Hebreos cuando escribió: "no dejando de congregarnos". No sabía que asistir a la iglesia no se debía a una obligación religiosa o cultural. No sabía cuán importante era. No entendía plenamente que la iglesia es donde vamos a adorar y expresamos nuestra adoración a Dios (ver Salmos 150:6; Juan 4:23-24). Que la iglesia es donde aprendemos a poner a Dios y su reino primero y a imitar a Cristo (ver Mateo 6:33; 1 Corintios 11:1; Efesios 5:1-2). Que es en la iglesia donde obtenemos una comprensión de la Escritura y cómo ponerla en práctica, y también descubrimos la dirección de Dios para nuestras vidas (ver Proverbios 11:14; 24:6; Colosenses 3:16; 2 Timoteo 3:16). Es en la iglesia donde tenemos comunión con Jesús y con nuestro Padre celestial, y encontramos amistad con otros cristianos (ver Hechos 2:42-47; Gálatas 6:2; 1 Juan 1:3). Es en la iglesia donde ejercitamos nuestros dones, nos servimos los unos a los otros, y tenemos el gozo de ver a Dios cambiar vidas y eternidades mientras servimos (ver Romanos 12:4-8; 1 Corintios 12:26-27).[13]

Lo que es más, aparte de cómo nos afecte la iglesia personalmente, la iglesia es la representación visible de Dios en la tierra. Cuando nos reunimos, Jesús santifica el espacio; ¡está ahí! "Porque donde están dos o tres congregados en mi nombre, allí estoy yo en medio de ellos" (Mateo 18:20). Como escribió Jonathan Leeman en su ensayo "La iglesia reunida", a lo largo de la Escritura el pueblo se juntaba en una asamblea, en una tienda, en un templo, como iglesia.[14] Al reunirse físicamente, hacían visible el reino de Dios en este ámbito terrenal. ¿No es eso lo que hacemos en este tiempo?

Leeman también escribió que, cuando nos reunimos como la iglesia, lo hacemos como un puesto de avanzada del cielo que es visible, audible y palpable. Después de todo, "los seres humanos son criaturas físicas. Los cuerpos importan. El espacio importa. La unidad física importa". Por lo tanto, reunirnos como la iglesia en un espacio geográfico importa tanto como ser la iglesia.[15]

Cuando me reuní con los líderes de la iglesia clandestina en China, ellos corrieron riesgos enormes para reunirse en secreto, pero aun así lo hicieron. La iglesia en Doha tenía que hacer un gran esfuerzo para reunirse fuera de la ciudad, pero sentían que valía la pena. En ambos lugares, los cristianos entendían que hay algo poderoso en la reunión, que hay muchos propósitos en la reunión. Entendían que la iglesia no es un edificio, pero la iglesia dispersa es obviamente fortalecida cuando nos reunimos en el interior de uno de ellos; en multitud de aspectos. Es así como nos mantenemos unidos, anclados a Jesús, y no nos alejamos. Individualmente y colectivamente.

UNA IGLESIA EN CADA ESQUINA

Poco más de veinticuatro horas después de salir de Qatar, Nick y yo íbamos de camino a la iglesia una vez más, solo que esta vez estábamos en Texas. La maravilla del viaje moderno es que puedo estar en un avión en el Oriente Próximo y estar en los Estados Unidos dieciséis horas después. Iba a hablar en una iglesia en Houston, otra ciudad conocida por su industria petrolera y del gas. Otra ciudad con inmensos rascacielos y palmeras majestuosas. Otra ciudad que se extiende hasta la costa. Aun así, mientras entrábamos y salíamos de las sombras que se proyectaban por las calles, sombras moldeadas por los rayos del sol y el perfil del centro de la ciudad, no pude evitar observar que aparecían en marcado contraste con las calles de Doha.

En un bloque tras otro que se extendía una milla tras otra, era como si no pudiera dejar de encontrarme con un símbolo cristiano icónico tras otro. Agujas de iglesia. Campanas. Vidrieras. Cruces de todas las formas y tamaños. Mientras Nick manejaba, yo no podía perderme las estatuas, los jardines de oración, los monumentos, los gigantescos carteles digitales.

La ironía de todo aquello no pasó desapercibida. Nadie tenía que manejar hasta las afueras de la ciudad o a una ciudad cercana, ni tampoco a unas instalaciones para la iglesia. En cambio, parecía que había una iglesia casi en cada esquina. Yo estaba en una ciudad que tiene casi dos mis iglesias, incluidas más de treinta y cinco megaiglesias, de modo que, si alguien quisiera asistir a cualquiera de ellas, no tendría que manejar hasta muy lejos.[16] ¿Puedes imaginar cuántas iglesias podría ver una persona de camino hacia su iglesia favorita? Sin duda alguna, tendría que ser al menos una. Sé que perdí la cuenta en nuestro camino.

Cuando llegamos, Nick y yo entramos justamente cuando el grupo de alabanza daba comienzo al servicio. No pudimos evitar mirarnos el uno al otro y mostrar una gran sonrisa. El grupo comenzaba con una de las canciones que habíamos cantado con la iglesia en Doha.

Separados por medio mundo, y el pueblo de Dios estaba unido en fe, unido en adoración, elevando sus corazones a Dios con la misma canción. Cuando Jesús camino sobre la tierra, dijo: "edificaré mi iglesia" (Mateo 16:18). Desde una parte del mundo hasta la otra, yo acababa de ser testigo de que Él estaba haciendo exactamente lo que dijo que haría. Y fue asombroso.

LA COMUNIDAD DE LA IGLESIA

Todo aquello que pensaba cuando era pequeña cambió para mí cuando llegué a los veintiún años. Un amigo al que conocí mientras trabajaba como voluntaria en un centro juvenil comunitario local para jóvenes en riesgo me invitó a su iglesia. Recuerdo que él era tan apasionado, que yo tenía que ir y descubrir cómo alguien podía estar tan emocionado por algo que a mí me había resultado muy aburrido. Cuando entré, descubrí algo que nunca había conocido: personas que estaban reunidas porque querían hacerlo. Porque tenían muchas ganas de adorar, aprender, crecer, y compartir el amor de Cristo. Porque estaban dispuestos a estar dispersos después y encontrar a personas como yo: alguien que necesitaba saber que Jesús le amaba, murió por él o ella, y resucitó de la muerte para que pudiera tener perdón por su pasado, un nuevo inicio aquí en la tierra, y una esperanza eterna para el futuro. Descubrí personas que entendían verdaderamente el valor de reunirse: la reunión les ayudaba a fortalecerse y equiparse para su dispersión.

Desde aquel día en adelante, mi comprensión comenzó a crecer. Con el tiempo, la iglesia se convirtió en familia para mí y, como todas las familias, no tiene que ser perfecta, pero ha sido un refugio y un hogar. En la iglesia comencé a lidiar con el dolor de mi pasado quebrado, y con el tiempo descubrí sanidad e integridad. Comencé a forjar amistades para toda la vida, conocí a Nick y me casé con él, y dedicamos y criamos a nuestras hijas en la misma iglesia local. Allí me enamoré de la Palabra de Dios y aprendí a adorar verdaderamente. Descubrí mis dones y mi llamado. Fui discipulada, amada, corregida, desafiada, y encomendada al ministerio. En la iglesia aprendí a amar a los perdidos, alcanzar a los perdidos, ser activa en la lucha por la justicia y la paz, defender a los pobres y los marginados, y fortalecer y empoderar a las mujeres. Aprendí a apreciar y cuidar el planeta que Dios nos ha dado. A lo largo de los años he batallado, he llorado, he clamado, me he dolido, he gemido, esperado, soñado, me he desesperado, he sufrido, me he regocijado y he alabado, todo ello con la familia de mi congregación a mi lado; y otras veces he tenido el privilegio de estar allí para acompañar a mi familia de la iglesia cuando ellos estaban experimentando esas mismas cosas.

La conexión con mi congregación me ayudó a mantenerme anclada a Jesús, y no alejarme de su propósito para mi vida. Al mismo tiempo, no soy tan ingenua para pensar que mi experiencia en la iglesia es la experiencia de todo el mundo. Soy bien consciente de que, para algunas personas, la palabra *iglesia* les hace retroceder y retirarse. Puede que tú seas una de esas personas y ahora quieras dejar a un lado este libro debido a tu experiencia negativa en la iglesia. Lo entiendo, pero sigue leyendo, por favor. Tú estabas en mi corazón mientras escribía.

No hay ninguna duda de que, para algunos, la iglesia ha sido un mal testigo del amor y la gracia de Jesús, por una razón u otra. Quizá un líder al que admiraban los decepcionó. Tal vez una posición que deseaban le fue otorgada a otro. Quizá alguien en el ministerio infantil excluyó a su hijo; o puede ser que, cuando su matrimonio se disolvió, las personas que pensaban que estarían a su lado se situaron del lado de su ex. Quizá fue algo todavía peor.

He tenido muchas conversaciones con personas que han sido heridas profundamente por otras personas en la iglesia. Algunos incluso me han preguntado por qué pasaría yo mi vida construyendo precisamente lo que a ellos les ha causado un dolor tan grande. Es una pregunta válida. Algunos han señalado los defectos de la iglesia a lo largo de las edades como prueba de sus inherentes fallos.

Es cierto que se han hecho muchas injusticias en nombre del cristianismo. La historia no puede ocultar lo que ha salido a la luz a lo largo de los siglos: la Edad Media, las Cruzadas, las veces en que la iglesia no estuvo a la altura de sus propias normas. Cuando se vio inundada de corrupción. Cuando se produjeron atrocidades como guerras, hambrunas y genocidio y ellos miraron para otro lado. Incluso en generaciones recientes, la iglesia ha seguido luchando con muchos problemas, aunque ninguno de ellos nuevo: racismo, sexismo, abuso, materialismo, codicia, idolatría, nacionalismo, misoginia, legalismo, críticas. No es extraño que algunos de ustedes no quieren saber nada del asunto, y ni siquiera quieren atravesar las puertas de una iglesia. Lo entiendo. Realmente lo entiendo.

No es posible que yo pueda conocer lo que cada uno de ustedes ha experimentado personalmente, o que sienta exactamente cómo se sienten, pero lo que sí sé es que, aunque a menudo somos heridos en comunidad, también somos sanados en comunidad. Esto incluye la comunidad de la iglesia. Con todos sus errores, peculiaridades, retos y problemas, la iglesia es idea de Dios. Y debido a que la iglesia está formada por personas, y todos nosotros a este lado de la eternidad tenemos fallos y somos personas imperfectas, no hay ninguna iglesia que no tenga errores.

> Aunque a menudo somos heridos en comunidad, también somos sanados en comunidad. Esto incluye la comunidad de la iglesia.

TÚ TIENES ALGO QUE DAR

A veces, la razón por la que dejamos de reunirnos es mucho más sencilla. Quizá te fuiste de vacaciones, te perdiste algunos domingos, y gradualmente fuiste perdiendo el hábito de asistir. Tal vez comenzaste un nuevo empleo, y tu horario incluía trabajar los domingos. Puede que te hayas mudado y ahora batallas por encontrar una iglesia nueva. Comenzaste a tener que viajar más lejos y más a menudo debido a las ligas deportivas de tus hijos. Quizá tienes la sensación de no recibir lo que antes recibías, o prefieres ver la reunión en el Internet, algo que es estupendo cuando no podemos estar allí en persona. Nunca olvidaré cuando reunirnos en línea se convirtió en nuestra única opción, cuando llegó la pandemia y tuvimos que quedarnos en casa. Seguro que tú también lo recuerdas. Nos vimos obligados a aislarnos por nuestra seguridad y protección, y por la de todos los demás. Quizá, después de eso, sencillamente no regresaste.

Estoy segura de que hay más razones de las que podría enumerar, pero parece que algunas son más comunes que otras. No puedo recordar cuántas veces me han preguntado: "¿Puedo ser cristiano y no asistir a la iglesia?". Siempre respondo con sinceridad: Sí, desde luego. La Biblia no dice en ningún lugar que haya que asistir a una iglesia para ser cristiano. Sin duda, al ser una mujer griega muy apasionada, quiero escuchar la razón que hay detrás de esa pregunta y después relatar mi propia experiencia: con mucho humor, movimiento de manos, ¡y hablando bien alto! ¡Es que no puedo evitarlo!

Lo que espero que descubran finalmente por sí mismos es que, cuando dejamos de reunirnos comenzamos a aislarnos, y cuando comenzamos a aislarnos nos volvemos más susceptibles a perder el rumbo, algo que conduce naturalmente a la distancia, y la distancia a la desconexión.[17]

¿No te alegra que el escritor de Hebreos nos diera el antídoto? "No dejando de congregarnos". Cuando nos congregamos, eso nos ayuda a mantenernos conectados; a mantenernos anclados. Aún más, cuando no nos reunimos, nos perdemos no solo todas las bendiciones que se producen por congregarnos, sino también el ser una bendición para todos los demás que han acudido a reunirse. Somos un cuerpo con muchas partes, y todos tenemos dones que dar. ¿Te has preguntado alguna vez quién podría perderse algo porque tú no estabas allí para darlo? Sé que cada vez que mis hijas no están con nosotros sentadas en la mesa en la cena, ¡las extraño! Extraño lo que ellas añaden a la conversación: sus ingeniosas observaciones, serias introspecciones, y nuevas perspectivas. Extraño su raro sentido del humor (¡no sé de dónde lo habrán sacado!). Sin duda, prefiero cenar con ellas que sin ellas.

Lo mismo sucede con la iglesia. La iglesia se trata de mucho más que lo que podemos obtener. Se trata de estar en el cuerpo de Cristo haciendo vida del cuerpo: juntos. Cuando falta uno de nosotros, nos afecta a todos. Lo que uno de nosotros hace, o no hace, marca la diferencia. Pablo escribió sobre esta misma idea en su carta a la iglesia en Roma: "Dios, en su gracia, nos ha dado dones diferentes para hacer bien determinadas cosas. Por lo tanto, si Dios te dio la capacidad de profetizar, habla con toda la fe que Dios te haya concedido. Si tu don es servir a otros, sírvelos bien. Si eres maestro, enseña bien. Si tu don consiste en animar a otros, anímalos. Si tu don es dar, hazlo con generosidad. Si Dios te ha dado la capacidad de liderar, toma la responsabilidad en serio. Y si tienes el don de mostrar bondad a otros, hazlo con gusto" (Romanos 12:6-8, NVI).

Dios quiere que desempeñemos nuestros roles individuales en el cuerpo. Participando. Aportando. A veces, creo que olvidamos que asistir a la iglesia no es solamente para nosotros, sino también para las otras personas que veremos allí. No se trata solo de lo que nosotros podemos obtener, sino de lo que podemos dar mientras estamos allí.

Cuando Catherine era solo una bebé, eran las abuelas en la guardaría quienes calmaban mi ansioso corazón de mamá primeriza. Cuando no estaba segura de querer dejarla con completos desconocidos, cuando ella lloraba y yo estaba a punto de hacerlo, ellas fueron quienes me aseguraban que estaría bien, que fuera al servicio y supiera que ella dejaría de llorar pronto. Las primeras veces, no estaba segura de si creerles o no. Después de todo, ellas no la conocían como yo, pero al final, ellas siempre tenían razón. Cada vez, cuando yo regresaba allí estaba ella, dormida profundamente en los brazos de alguien. Contenta. Tranquila. Totalmente feliz. Casi hería mis sentimientos que ella ni siquiera me extrañara. Para mí, aquellas mujeres no solo se ocupaban de la guardería; eran hacedoras de milagros. Cuando Catherine fue creciendo y pasó a ser una niña, les hice muchas preguntas a aquellas mismas mujeres. Cuando llegó Sophia, seguía haciendo preguntas, y ellas me enseñaron mucho, aunque principalmente fue cómo relajarme y disfrutar de la iglesia.

Pero ¿y si ellas no hubieran asistido? ¿Y si la guardería estuviera llena de mamás primerizas como yo? Estoy muy agradecida porque no pensaron en sí mismas como mujeres que ya sabían lo suficiente y no necesitaban asistir a la iglesia. Estoy muy contenta de que siguieron viendo el valor de aportar sus dones y cumplir su propósito. Me alegra mucho que, de algún modo, sabían instintivamente que debían aportar y no solo consumir.

Podría seguir hablando de otras personas en la iglesia que me han ayudado a recorrer todas las épocas y las etapas de las vidas de mis hijas, porque lo han hecho, pero lo que es también importante es lo que aquellas mujeres y muchos otros modelaron delante de mí acerca de ir a la iglesia y ser la iglesia. Cuando podían haber abandonado, siguieron adelante; por causa de mí. Sin ningún egoísmo, llegaron y dieron de sí mismos a otros.

ALGUIEN QUE SIEMPRE ESTÁ ESPERANDO

Todos hemos estado en la posición de haber estado esperando con ilusión a que llegara de visita un familiar o un amigo. Puedo pensar en muchas veces cuando yo esperaba a un ser querido que llegaría y que celebraríamos al estilo griego cuando llegara, queriendo decir que hablaríamos muy alto y habría mucha comida. También pienso en las veces en que las cosas no salieron como estaban planeadas, y me quedé extrañando a la persona por la que había preparado todo y que esperaba que llegaría de visita.

Cuando se trata de reunirnos todos juntos, estoy convencida de que nadie lo espera con más ilusión que Dios mismo. Aunque es cierto que, mediante la fe en Jesucristo, todo creyente tiene en su interior al Espíritu de Dios y tiene acceso directo a Dios, hay otra cosa que también es cierta: "Por medio de él, ustedes [...] también llegan a formar parte de esa morada donde Dios vive mediante su Espíritu" (Efesios 2:22 NVI). El "ustedes" en este versículo es plural, no singular. Ustedes *juntos* son una morada para Dios. Recordemos que Jesús dijo: "Pues donde ser dos o tres en mi nombre, yo estoy allí entre ellos" (Mateo 18:20 NVI). La verdad es esta: hay una gracia especial cuando nos reunimos. Hay un modo especial en que Dios toma residencia en medio de nosotros cuando nos congregamos. El congregarnos juntos no solo se produce en el nombre de Dios, sino también en la presencia de Dios. Y Dios no es el invitado en esas reuniones; lo somos nosotros.

> Hay una gracia especial cuando nos reunimos. Hay un modo especial en que Dios toma residencia en medio de nosotros cuando nos congregamos.

Las cartas a las iglesias en el libro del Apocalipsis revelan que Dios no solo está atento a cada congregación en todo el mundo, sino que también se interesa profundamente por cada una. Las que se reúnen en Qatar. Las que están en Texas. Las que están en ciudades. Las que están en pueblos. Las que son muy conocidas y las que no lo son. Las que se reúnen con libertad y las que son obligadas a ser clandestinas. Aquella a la que tú asistes cada semana. Cada una está llena de personas por las que Jesús entregó su vida. Y cada una es un lugar donde Dios escoge establecer su hogar. Cada una nos ayuda a mantenernos unidos a Jesús. Cada una nos ayuda a evitar que perdamos el rumbo.

¿Estás conectado a una congregación local? Si lo estás, entonces sigue asistiendo y planta tus raíces incluso más profundo. Si no lo estás, entonces quiero alentarte a que consideres asistir a una. Sé que quizá no te resultará fácil, pero podría ser el eslabón perdido en tu cadena que te ayudará a conectarte más profundamente con tu ancla: Jesús. Dios está mirando, deseando y esperando tu llegada, y también los demás; personas a las que tú necesitas y que te necesitan.

SABES QUE HAS PERDIDO EL RUMBO CUANDO...DEJAS DE TENER HAMBRE Y COMIENZAS A ATIBORRARTE

Si hallo en mí mismo un deseo que ninguna experiencia en este mundo puede satisfacer, la explicación más probable es que fui hecho para otro mundo.

—C. S. Lewis, *Mero Cristianismo*

"Mamá, voy a morir. Lo sé. Tengo que comer galletas saladas, o helado, o algo. No puedo seguir así. Mi cuerpo no fue hecho para soportar esto. ¿Por qué no tenemos algunos aperitivos de emergencia? Catherine también está sufriendo. Tú eres nuestra mamá, y se supone que nos amas. Dios no quiere que suframos. No de este modo, estoy convencida de eso".

Lo único que pude hacer fue reír. Ni siquiera habían pasado tres días completos desde que el Equipo Caine había desechado de nuestra casa todos los carbohidratos malos, y Sophia se estaba derrumbando. Acababa de entrar por la puerta y atravesaba la sala cuando le vi medio tumbada en el sofá y con medio cuerpo fuera. Siempre la actriz, tenía la mano sobre su frente como si se hubiera desmayado por no tener esas cosas, y estaba realmente involucrada en su personaje y en la escena. Su sentido del humor siempre es extraño, y es una de las muchas cosas que me encanta de ella. Podría hacer de cada momento, un momento divertido; incluso cuando estaba simulando su último acto.

"Estoy segura de que vivirás", le dije. "Además, hay cosas mucho peores de las que morir".

"¿Las hay?", añadió con tristeza. "No puedo imaginar ninguna ahora mismo".

Iba a ser una semana larga. Yo podía sentirlo ya. Quizá un mes muy largo. Quizá algunos meses muy largos.

Mientras iba hacia la cocina, eché un vistazo a la sala y allí estaba Catherine. Tumbada sobre la alfombra, y mirando al techo.

"Catherine, ¿estás bien?", me aventuré a preguntar, preparándome para lo inevitable.

"Depende de cómo definas *bien*. Apenas si estoy viva. Busqué en Google, y tengo todos los síntomas que se supone que tienes en este punto. Calambres por el azúcar, dolor de cabeza, dificultad para pensar. Quieres que sobresalga en la escuela, ¿no es cierto? ¿Cómo se supone que lo haré con dificultad para pensar? Un artículo que leí decía que se debe tratar con hormonas la dificultad para pensar".

"Ese es un tipo totalmente distinto de dificultad para pensar, Catherine", le dije, haciendo lo posible para no perder los nervios por completo. "Del tipo que las mujeres tienen cuando son más mayores. Ya sabes, mayores que yo".

"Ah...". Lo entendió. "Bueno, estoy con Sophia. Necesitamos galletas saladas. Yo podría ir a comprar algo, pero sé que todos estamos comprometidos con esto. ¿En qué estábamos pensando? ¿Estamos seguros de que pensamos bien todo esto? Quizá quedamos atrapados en una euforia familiar y tuvimos un grave lapso de juicio".

A esas alturas, no podía dejar de reír. Tenía que lidiar con mis propios síntomas todo el día, la mayoría de ellos eran solo la incapacidad de dejar de pensar (estar obsesionada) en que no podía comer un pedazo de pan, el alimento básico de cualquier griego, pero no iba a admitir eso ante ninguna de mis dos hijas que se quejaban.

"¡Esto es bueno para nosotros!", grité. "Vamos a estar más sanos. Lo estamos haciendo juntos. Estamos animando a papá y ayudándolo con su carrera. ¡Somos el Equipo Caine! ¡Estamos en ello para ganar! ¡Somos campeones! ¡Somos más que vencedores!".

Alternando entre la cocina y la sala, hice todo lo posible, incluso agarré barritas bajas en carbohidratos y las movía en el aire. Aun así, ninguna de ellas se movió ni un centímetro. Conocían mi juego, y yo conocía el de ellas.

En ese momento, Nick regresó de su entrenamiento en bicicleta. Ya había estado entrenando por meses para su próxima carrera Cape Epic, y todo nuestro nuevo plan de alimentación había comenzado con él.

"¿Qué les pasa a las muchachas?", preguntó después de echar un vistazo a las dos habitaciones.

"Ah", elevé la voz solo un poco, "solo están descansando antes de comenzar sus tareas de la escuela. Han tenido un día realmente pesado".

Los quejidos de protesta que siguieron me hicieron saber que me habían escuchado alto y claro. Realmente estábamos en ello para ganar. Eso esperaba.

Nuestro cambio en la dieta había comenzado como una muestra de solidaridad con Nick. Solo unos días antes, habíamos salido a cenar y conversamos sobre el modo en que él iba a comenzar a comer (una dieta baja en carbohidratos, alta en proteína, y con más grasas saludables) como parte de su régimen de entrenamiento. En general, siempre hemos sido una familia consciente de la salud, pero acompañarlo en su dieta significaba llevar nuestra consciencia a un nivel totalmente nuevo. En ese momento nos pareció lo correcto. Queríamos que él tuviera éxito. Mientras más conversábamos en la cena, más nos convencimos a nosotros mismos de que podíamos hacerlo. Comeríamos un poco más de algunas cosas y mucho menos de otras. ¿Cuán difícil podía ser? Apoyaríamos a Nick y estaríamos incluso más sanos al mismo tiempo. Era el plan perfecto.

Cuando llegamos a casa, todos teníamos en el estómago lleno y estábamos de acuerdo, y nos pusimos inmediatamente manos a la obra para poner sobre la isla de la cocina todo lo que Nick nos explicó que no estaba permitido. Mientras sacábamos productos del refrigerador y de la despensa, creo que todos quedamos un poco asombrados al darnos cuenta de lo que las muchachas en particular habían estado comiendo. Ellas estaban convencidas de que comían sano (y, para ser sincera, yo también lo pensaba), pero las bolsas y cajas que había sobre la isla contaban una historia diferente. En su defensa, yo reconocí que muchos de los productos eran sobras que habían quedado de fiestas de cumpleaños o de cenas de equipo, pero estaba claro que alguien se estaba comiendo lo que había quedado. Cuando agarré algunas de las cajas, la lista de ingredientes que aparecían en muchas de ellas sacaba a la luz mucha cantidad de todo lo que pensábamos que ninguno de nosotros comía. Bromeamos con que sacó a la luz la adicción al azúcar de las muchachas, su adicción al pan, su adicción al gluten y, desde luego, su adicción a las galletas saladas. Todos estuvimos de acuerdo en que las galletas saladas, sin duda alguna, no estaban allí por accidente.

Al asimilar todo aquello, no pude evitar preguntarme: *¿Cómo llegamos hasta aquí?* Obviamente, había sucedido poco a poco, sin que ninguno de nosotros realmente lo notara. En algún momento, las muchachas se habían alejado de comer sano. Como ellas estaban llegando a la adolescencia y nosotros viajábamos más, probablemente fue más fácil de lo que ninguno de nosotros pensábamos. Con todas sus amigas y nuestro equipo entrando y saliendo de la casa para una reunión tras otra, la acumulación de carbohidratos poco sanos y de alimentos llenos de azúcar estaba allí sin ser detectada. Ojalá hubiéramos sido inspirados a hacer eso mucho antes. Era, sin ninguna duda, el momento para resetear.

El primer día, las muchachas habían estado un poco malhumoradas, pero seguían estando comprometidas.

El segundo día, pude oír algunas quejas, y no solo de sus estómagos.

El tercer día se estaba fraguando un motín. Catherine estaba convencida de que tenía todos los síntomas parecidos a la gripa que se puedan desarrollar. Para mi sorpresa, realmente lo había buscado en Google. Yo no sabía que tal cosa fuera ni siquiera importante, pero lo era. Supongo que cuando te desintoxicas de algo, te sientes peor antes de sentirte mejor, pero siempre vale la pena, ¿no es cierto? Al menos de eso intentaba convencer a mis hijas.

Sabía que aquello iba a ser tan bueno para mí como lo era para Nick y sus metas de entrenamiento; y para nuestras hijas. Pulsar el botón de pausa y reiniciar ciertos aspectos de nuestras vidas es siempre algo bueno. ¡Quizá sería ahora cuando Dios me libraría de mi amor por el pan genéticamente inspirado!

> Pulsar el botón de pausa y reiniciar ciertos aspectos de nuestras vidas es siempre algo bueno.

Verás, para los griegos, ninguna comida está completa sin pan, ya sea pan tradicional, de queso, de olivas, o lleno de pasas. Servir una comida sin pan sería como comer una ensalada griega sin olivas o queso feta.[1] Si lo hiciera, sencillamente no sería una ensalada griega. Sería lechuga con verduras y aceite de oliva. Una comida sin pan es impensable. Si le preguntaras a mi mamá, probablemente te diría que, si Jesús es el Pan de vida, entonces una dieta baja en carbohidratos no es posible que sea de Dios (ver Juan 6:35). Incluso cuando tomábamos la comunión en la iglesia de pequeños, se hacía con dos panes bien amasados que representaban la naturaleza divina y humana de Jesús, y cada pan llevaba un sello de muchas imágenes insertadas en un molde con forma de cruz.[2] Lo llamábamos *prosforo*, y había mujeres que lo horneaban las cincuenta y dos semanas del año. Era parte de su servicio a la iglesia. Por lo tanto, incluso pensar en dejar de comer pan era casi un sacrilegio para mis sensibilidades griegas, y también para mi familia. Pero habíamos decidido hacerlo juntos, así que no aflojamos.

Cuando el Equipo Caine llegó a la marca de los treinta días (y milagrosamente, llegamos), la transformación de nuestros hábitos alimentarios era completa. Todos recuperamos una consciencia muy necesaria de lo que poníamos en nuestras bocas, y nuestras hijas comenzaron a querer comer las opciones más saludables. Verlas agarrar una fruta o un puñado de nueces como aperitivo hizo que valiera más que la pena apoyar a Nick y sus metas. No íbamos a seguir una dieta keto para siempre, pero apoyar a Nick y corregir algunos de nuestros hábitos alimentarios al mismo tiempo había resultado ser un movimiento realmente bueno (y podría añadir aquí que, al hablarte de nuestra experiencia, de ningún modo estoy endosando una dieta keto. Te hago una fuerte advertencia: si estás interesado en probarla, consulta antes con tu médico. Nosotros lo hicimos por un breve período de tiempo para un propósito concreto).

Desde el inicio, las implicaciones espirituales de nuestro viaje no pasaron desapercibidas para mí. Estábamos siendo transformados físicamente, de dentro hacia afuera, pero fue necesario un cambio externo bastante radical para comenzar un reinicio interno masivo de nuestros organismos, y para llevarnos a la ketosis. Pero cuando se produjo ese reinicio interno, comenzamos a sentirnos más saludables. Teníamos más energía, más enfoque, y en general éramos más eficaces. A veces, espiritualmente, creo que necesitamos hacer lo mismo. Tenemos que hacer algo bastante drástico externamente a fin de reiniciarnos internamente. Necesitamos implementar un cambio, quizá recortar algo de nuestras vidas. Necesitamos dejar de hacer una cosa para poder comenzar a hacer otra; todo con el propósito de evitarnos a nosotros mismos perder el rumbo y entonces hacer arrancar nuestra hambre espiritual y nuestra pasión en alguna área concreta.

Tal vez algunos nos sentimos aburridos, como si la vida se hubiera vuelto plana. Quizá estamos fuera de control, colgando apenas por un hilo y preguntándonos cómo llegamos hasta donde estamos. Algunas veces, quizá más de las que nos gustaría, nos encontramos en un lugar preguntándonos cómo podemos sentirnos tan lejos de Aquel que dijo que nunca nos dejaría ni nos abandonaría (ver Deuteronomio 31:6, 8; Josué 1:5; Hebreos 13:5), Aquel que es el ancla de nuestras almas (ver Hebreos 6:19). En ese lugar, preguntamos: *¿Por qué me siento como si me hubiera alejado mucho de mi propósito y mi pasión?*

Cuando nos sentimos de ese modo, quizá, sin ninguna intención y sin ni siquiera darnos cuenta, hemos permitido que ciertas actitudes del corazón, conductas, hábitos, o patrones de pensamiento se vuelvan parte de nuestras vidas, igual que toda la comida chatarra que se coló en mi despensa. Tal vez es el momento de una limpieza espiritual; quizá necesitamos una dieta *keto espiritual* en un área u otra para dejar de alejarnos y llegar desde donde estamos a donde fuimos creados para estar.

Ahora bien, antes de que sientas un sudor frío al preguntarte lo que tendrías que limpiar de tu despensa espiritual, relájate. No voy a decirte lo que necesitas desechar radicalmente de tu vida, pues eso es algo entre Dios y tú, pero voy a decirte de lo que Dios quiere que todos tengamos hambre y sed para que nos mantengamos enfocados, alimentándonos espiritualmente de comida nutritiva que nos ayudará a evitar alejarnos y volverá a reubicarnos si hemos perdido el rumbo.

KETO ESPIRITUAL

Es obvio que Jesús se interesaba mucho por nuestra dieta espiritual. En el Sermón del Monte, dijo: "Bienaventurados los que tienen hambre y sed de justicia, porque ellos serán saciados" (Mateo 5:6). A Dios le importan nuestros apetitos. Él sabe lo que más nos saciará, lo que es más nutritivo, lo que nos dará enfoque espiritual, energía, paz y gozo; y justamente aquí nos dice que es justicia.

No puedo evitar leer este versículo y preguntarme si, en algún lugar a lo largo del camino, Jesús pasó a una dieta keto espiritual con nosotros. Estoy segura de que no encontrarás tales ideas en ningún comentario, pero esas son el tipo de cosas que vienen a mi mente, especialmente cuando estoy en un período de no comer pan... pan griego recién horneado, en particular.

> A Dios le importan nuestros apetitos. Él sabe lo que más nos saciará, lo que es más nutritivo, lo que nos dará enfoque espiritual, energía, paz y gozo.

Hablando en serio, ¿cómo exactamente tenemos hambre y sed de justicia? ¿La mezclamos, la amasamos y la horneamos? ¿Batimos y refrigeramos? ¿La ponemos en una batidora y la bebemos como si fuera un batido? Cuando tengo preguntas, hago lo mismo que haces tú: busco en Google. Bueno, está bien, cuando es espiritual admito que hago mucha más investigación bíblica y teológica. Y también oro. ¿No te alegra? Te hablaré de parte de lo que he aprendido sobre esto.

Comencemos estableciendo algunos fundamentos. ¿Qué es la justicia? *Justicia* no es una palabra que utilizamos en nuestro lenguaje diario, pero comunica una poderosa verdad bíblica. *Justicia* es tener una posición correcta delante de Dios. Es un regalo gratuito, igual que nuestra salvación, y eso somos cuando aceptamos a Cristo. Pablo escribió a los corintios diciendo que Dios "Al que no conoció pecado, por nosotros lo hizo pecado, para que nosotros fuésemos hechos justicia de Dios en él" (2 Corintios 5:21).

Ser justo es estar delante de Dios sin tacha. ¿Puedes imaginarlo? ¡Sin tacha alguna! Cuando Dios nos mira, nos ve como justos porque nos ve mediante la obra terminada de lo que Jesús hizo por nosotros en la cruz. Jesús se hizo pecado para que nosotros pudiéramos llegar a ser su justicia. Qué intercambio tan increíble.

Entiendo que esta idea de justicia que se otorga tan gratuitamente puede ser difícil de entender, en particular porque estamos muy condicionados a ganarnos la mayoría de las cosas que recibimos: calificaciones, premios, privilegios, ascensos, salarios, oportunidades, aprobación, y la lista podría continuar. Prácticamente todo lo que rodea nuestras vidas se nos otorga sobre la base de nuestra conducta, de que trabajemos por ello para demostrar que somos dignos. Pero Dios nos *hizo* justos (ver 2 Corintios 5:21), y es uno de los mayores regalos que Él nos ha dado, porque se basa en lo que hizo Jesús y no en nada que nosotros hayamos hecho o podríamos hacer nunca. De hecho, cuando Pablo escribió a los romanos, dijo: "No hay justo, ni aun uno" (3:10). "Ni aun uno" nos incluye a ti y a mí, y a todos los demás que conocemos.

Cuando entregué por primera vez mi corazón a Cristo, provenía de un trasfondo tan quebrado y lleno de pecado y vergüenza, que me resultaba difícil comprender que yo era la justicia de Dios. Aunque mi cabeza sabía que había sido declarada justa debido a la obra expiatoria de Jesús en la cruz, no me sentía otra cosa sino injusta y avergonzada. Tal vez es así como te sientes tú también. Recuerdo que pasé semanas y meses, incluso años, haciendo todo lo posible para renovar mi modo de pensar y de sentir. Muchas veces, decía en voz alta o en un susurro: "Soy la justicia de Dios en Cristo Jesús". Lo escribí en mi diario; lo anoté en el margen de mi Biblia; lo puse en notas adhesivas. Hice todo lo que pude para que esa verdad fundamental saltara de las páginas de mi Biblia y entrara en mi corazón. Gradualmente sucedió, pero hasta la fecha necesito declararme regularmente esta verdad a mí misma.

Cuando recuerdo quién soy en Cristo, quiero las cosas que una persona justa quiere, y tiendo a actuar más como una persona justa actuaría. Pienso, hablo o actúo como quien soy realmente; pero cuando olvido quién soy, comienzo a alejarme y tiendo a pensar, hablar y actuar como la persona que solía ser cuando no estaba en Cristo. Termino alimentando mi carne en lugar de mi espíritu, y mi dieta sale a la luz en mis palabras y obras externas. Al final, no reflejo el fruto del Espíritu que realmente quiero reflejar: amor, gozo, paz, paciencia, bondad, benignidad, fidelidad, mansedumbre, y dominio propio.

No hay duda de que existe una correlación directa entre saber quién soy y las cosas de las que tengo hambre y sed y cómo me comporto posteriormente. Si lo intento con muchas ganas con mi propia fuerza de voluntad natural, fácilmente puedo actuar como una persona justa (digamos que por unos cinco minutos), pero no puedo vivir consistentemente como quien soy sin saber y creer verdaderamente que soy la justicia de Dios en Cristo Jesús.

Cuando Jesús caminó por esta tierra, su misión era cumplir la justicia de Dios (ver Mateo 3:15). Al venir a la tierra, nos trajo la obra del reino y el regalo de la salvación (ver Romanos 6:23). Y, en sus enseñanzas, dejó muy claro que la justicia rebosa de una vida en Él que está centrada en someterse, adorar, y buscar a nuestro Padre celestial. En las secciones de la Escritura que siguen a su Sermón del Monte, a lo largo de tres capítulos Jesús habló de la sustancia moral de una vida justa: la manifestación de cómo debería verse una vida en Él. En Mateo 5 dijo:

+ Debemos ser la sal y la luz del mundo (ver vv. 13-16).

+ Debemos cumplir lo que prometemos a Dios y no dejar que entre en nuestros corazones el asesinato o el adulterio (ver vv. 17-32).

* Debemos recorrer la milla extra, decir la verdad, y amar a nuestros enemigos (ver vv. 33-48).

* En el capítulo 6 nos dijo cómo dar, cómo orar, y cómo ayunar (ver vv. 1-18). Nos dijo cómo administrar nuestras posesiones y vencer la ansiedad (ver vv. 19-34). Y terminó la lección en el capítulo 7 cuando nos dijo que no debemos juzgar, que debemos pedirle a Él lo que necesitamos, y cómo construir nuestras vidas sobre el fundamento correcto.

El resto de los Evangelios y el Nuevo Testamento están llenos también de versículos que nos enseñan a vivir en una relación correcta con Dios y los unos con los otros; en ningún lugar nos dice Dios que nuestro caminar cristiano debemos practicarlo según una vida engranada en la obligación y el deber; más bien, hemos de vivir con nuestras vidas rendidas totalmente y libremente a Él.

Cuando nos alejamos, sin embargo, nuestro apetito de justicia se desvanece, y entonces de modo natural intentamos satisfacer nuestra hambre con cosas que nunca nos podrán satisfacer, igual que hacemos físicamente cuando llenamos nuestro tanque de azúcar y carbohidratos vacíos. Tenemos hambre, pero del tipo de alimentos erróneos, y lo que agarramos sabe bien aunque podría no ser lo que es mejor para nosotros.

Por lo tanto, ¿cómo tenemos hambre y sed de justicia y de nada más? Después de todo, justicia no es pan. No es baklava. No es nada que podamos tocar, gustar, sentir o comer. ¿O sí lo es?

BUSCAR LA JUSTICIA

Aunque puede que no sepas adónde quiero llegar con este capítulo, toda esta charla sobre justicia y vivir una vida justa tal vez te está provocando urticaria. Lo entiendo muy bien, especialmente si provienes de cualquier tipo de trasfondo legalista. De hecho, quizá te has alejado intencionalmente y te has apartado de cualquier cosa que tenga que ver con el cristianismo porque lo que siempre escuchaste fue: "No hagas esto, no toques eso, no mires eso, no vayas allí, no hables así, no te vistas así, no sientas de ese modo". Es difícil amar a Jesús y tener hambre de su justicia cuando lo que debemos y no debemos hacer parece contradecir mucho de lo que Él vino a darnos. Casi puedo oír algunas de las cosas que quizá hayas dicho antes de alejarte: "La vida cristiana se suponía que debía ser una vida abundante. ¿Dónde está la abundancia en todo lo que no se puede hacer? ¿Dónde está la vida? ¿Dónde está el gozo? ¿Dónde está la paz? ¿Dónde está el amor?". Incluso en este momento, cuando ves impresa la palabra *justo*, tal vez sea difícil no tener una reacción visceral. Quieres cerrar este libro, lanzarlo contra la pared, o usarlo como tope de una puerta.

Lo entiendo, pero quédate conmigo. Respira profundamente. No voy a decirte lo que puedes y no puedes hacer. Yo no soy tu mamá, aunque podrías pensar de mí de ese modo espiritualmente. Si lo haces, eso me honra, pero como dije anteriormente, no voy a decirte lo que tienes que sacar de tu despensa espiritual. Sí, tal vez necesitas seguir una dieta keto en algún área de tu vida espiritual, pero confío en que Dios te mostrará eso. Yo solo quiero ayudarte a identificar si has dejado de tener hambre y sed de justicia y, por lo tanto, te has alejado de Jesús. Quiero ayudarte antes de que llegues a un lugar que no esperabas y te encuentres preguntando: *¿Cómo llegué hasta aquí?*

Ahora bien, si ya estás ahí, quiero que sepas que siempre puedes encontrar tu camino de regreso. Jesús caminará sobre el agua para acercarse a ti, pues te ama mucho. No estás demasiado lejos. No es demasiado tarde. Nunca.

A veces, creo que somos salvos y con entusiasmo tenemos hambre y sed de justicia, pero cuando nos encontramos inundados por todo lo que podemos o no podemos hacer, comenzamos a alejarnos; y es comprensible que lo hagamos. ¿Quién quiere que todo el amor que nos rodea al principio se convierta en normas y regulaciones? Especialmente cuando la mayoría de ellas son demasiado difíciles de cumplir con nuestras propias fuerzas. ¿Quién quiere que toda la belleza de encontrar a Cristo por primera vez sea amargada por los sentimientos crónicos de no estar a la altura? Ninguno de nosotros, estoy segura. Todas esas normas solamente conducen a sentimientos de culpabilidad, ansiedad, vergüenza, condenación y fracaso, ninguno de los cuales Dios quiso nunca para nosotros. Él nos buscó porque nos ama y quiere caminar en comunión con nosotros. Quiere que tengamos una vida abundantemente fructífera. A cambio, quiere que lo busquemos a Él.

Encontrar a Dios y después seguir teniendo hambre y sed de Él aunque no podríamos haber encontrado a Dios si Él no nos hubiera buscado a nosotros primero, es la paradoja necesaria de nuestro caminar cristiano. Jesús dijo: "Ninguno puede venir a mí, si el Padre que me envió no le trajere" (Juan 6:44). Es como un ciclo que se supone ha de ser perpetuo: primero, Dios nos atrae a Él. Segundo, nosotros lo aceptamos. Tercero, lo buscamos a Él. Cuarto, seguimos buscándolo. Todos los días de nuestra vida. Tenemos hambre y sed de justicia. Llegamos a conocerlo a Él, y seguimos buscando más.

Y, sin embargo, es demasiado fácil caer en la idea de que, si lo hemos encontrado, ya no necesitamos buscarlo más; pero no es así como evitamos alejarnos. El día en que dejamos de buscar es el día en que comenzamos a alejarnos. Quizá por eso Jesús exhortó a los discípulos: "Mas buscad primeramente el reino de Dios y su justicia, y todas estas cosas os serán añadidas" (Mateo 6:33). *Buscar* en griego es *zeteo*. En un sentido literal significa "examinar, esforzarse, hacer un gran esfuerzo para encontrar o lograr algo".[3]

Jesús mismo nos ordena que hagamos un gran esfuerzo por buscar primero el reino de Dios *y* su justicia. Hablaremos más sobre el reino de Dios en el capítulo siguiente, pero observemos aquí la palabra *y*. El reino de Dios no está separado de la justicia, pero debemos buscar *primero ambas* cosas: el reino de Dios *y* la justicia. Dios se interesa por ambos. Tendemos a hacer énfasis en uno o el otro, pero ambas cosas son importantes para Dios. Entiendo que vivimos en una época de muchas distracciones. Sé cuán fácil es para mi propia búsqueda de justicia situarla en segundo, tercero o cuarto lugar. Puedo desviarme fácilmente por mis propios sentimientos, opiniones y deseos, pero Jesús nos da una poderosa clave para evitar alejarnos, y es buscar primero el reino *y* su justicia.

¿Cuántas veces terminamos pensando, haciendo o diciendo lo que es totalmente injusto, todo porque nuestra búsqueda de justicia se desplazó del primer lugar? He descubierto una y otra vez que, cuando pongo en primer lugar lo primero, todo lo demás tiende a ubicarse en su lugar.

Cuando Pablo escribió a su protegido Timoteo, dijo que debemos ser instrumentos para honra, santificados, útiles para Dios y preparados para toda buena obra. Después siguió diciendo: "Huye también de las pasiones juveniles, y sigue la justicia, la fe, el amor y la paz, con los que de corazón limpio invocan al Señor" (2 Timoteo 2:21-22). Me resulta interesante que Pablo pasó de decirle a Timoteo que huyera de las pasiones juveniles a decirle que siguiera la justicia. La mayoría de nosotros hemos oído sobre huir; estamos bastante familiarizados con todas las cosas de las que necesitamos alejarnos (ya sabes, la lista de qué hacer y qué no), pero ¿estamos tan familiarizados con lo que deberíamos seguir?

Cuando mis hijas eran pequeñas y les decía que no fueran hacia algo peligroso, como la calle que había delante de nuestra casa, invariablemente cuando yo volvía la espalda, ahí era precisamente hacia donde querían correr. Parecía que al decirles que eso estaba prohibido es lo que les atraía a querer experimentarlo. ¡Eran niñas normales! Tuve que aprender lo que la mayoría de las mamás hacen y darles algo mucho más interesante para pensar, enfocarse, seguir. Desviar su atención era el mejor modo de mantenerlas a salvo, a la vez que les enseñaba lo que era lo mejor para ellas.

Del mismo modo, Dios dice "no" porque sabe que precisamente eso que estamos tentados a alcanzar pondrá en peligro nuestro desarrollo. Cuando Dios dice no, no es porque esté intentando quitarnos nada bueno; es porque intenta darnos algo todavía mejor. Cada uno de los límites de Dios es un acto de profundo amor. ¡Él nos está cuidando! ¡Sus regalos son buenos! Porque todo don bueno y perfecto viene de Dios, y no hay ninguna cosa buena que Él retenga a aquellos que viven en integridad (ver Santiago 1:17; Salmos 84:11). Las normas de Dios son para darnos lo mejor; no están diseñadas para hacernos daño. Lo que tenemos que aprender es a confiar en Él y huir de las cosas destructivas (incluso cuando parecen correctas y buenas para nuestra carne), para así poder correr hacia Jesús y su justicia.

Si apartamos nuestro enfoque de cambiar nuestra conducta y después fijamos nuestros ojos en Jesús (ver Hebreos 12:2), siguiéndolo con todas nuestras fuerzas, la justicia nos cambiará en lugar de ser nosotros quienes intentamos cambiarnos a nosotros mismos. Nos anclará en Jesús y nos ayudará a no alejarnos con las corrientes de la época en que vivimos.

Es como hacer una dieta keto. Cuando nuestra familia comenzó a huir del azúcar, la harina y los carbohidratos poco sanos, comenzamos a escoger otras opciones más sanas. Buscamos las cosas buenas; y finalmente dejamos de querer las cosas malas. Algunas veces, el modo más fácil de resolver un problema es seguir la solución.

Y la solución para nuestras almas es el ancla de nuestras almas: Jesús. Huir de nuestras pasiones juveniles, cualesquiera que sean, y correr hacia Jesús es correr hacia la vida. ¿Sabes por qué? Porque Jesús no solo nos da vida, aunque hace eso, y la vida que nos da es vida abundante; ¡Él es vida! Él es el camino, la verdad y la vida (ver Juan 14:6). Él es la resurrección y la vida (ver Juan 11:25). Recibir a Jesús es recibir vida. Vida no es solo un regalo que Él nos da; es su sustancia. Correr hacia Él es correr hacia la vida.

> Algunas veces, el modo más fácil de resolver un problema es seguir la solución. Y la solución para nuestras almas es el ancla de nuestras almas: Jesús.

Pero, incluso si entendemos eso, aún nos quedamos con algunas preguntas sin responder. ¿Cómo seguimos la justicia? ¿Cómo tenemos hambre? ¿Cómo tenemos sed?

¿CÓMO TENEMOS HAMBRE?

Para empezar, tenemos hambre teniendo hambre (ya sé que suena muy simplista... sigue conmigo). El hambre comienza con desear más de Dios. Muchas veces somos complacientes en nuestra búsqueda de Dios porque creemos que ya tenemos todo lo que hay que tener de Dios. Ahora bien, está claro que no lo decimos en voz alta, pero nuestras acciones hablan por sí mismas. ¿Por qué seguir lo que ya poseemos? Nuestra falta de búsqueda revela que creemos que ya tenemos lo que queremos.

Pero siempre se puede tener más de Dios. Siempre. Hay más para ti y para mí. ¿Entiendes que, sin importar cuánto tiempo o hasta dónde sigamos a Dios, nunca lo agotaremos? Nunca llegaremos al final. Él es inextinguible. Podemos conocerlo a Él y todavía tener mucho que conocer sobre la profundidad de sus riquezas (ver Romanos 11:33). Podemos conocer su amor y aun así tener mucho por conocer de la anchura, longitud, altura y profundidad de su amor (ver Efesios 3:18). Podemos conocer su misericordia y seguir experimentando sus nuevas misericordias cada día (ver Lamentaciones 3:22-23). Podemos escuchar de Él y aun así tener mucho más que escuchar de Él.

Comenzamos a tener hambre teniendo hambre. Queriendo más de Él. Pidiendo más de Él. Si te das cuenta de que careces de hambre, entonces pídele que la aumente, y Él te responderá. Él es fiel, y le encanta responder una oración que pide más de Él.

Comenzamos a tener hambre pidiendo, pero no se detiene ahí. Sigue la petición con un banquete. Como ya hemos hablado, deseamos lo que comemos. ¿Cuál es tu dieta diaria, espiritualmente hablando? ¿Te alimentas diariamente del Pan de vida? ¿Estás tomando el tiempo para estar con Dios, en su Palabra y en oración cada día? Muchas personas tienen un inicio muy fuerte en su caminar con Cristo, implementando estas prácticas y creciendo a medida que lo hacen, pero entonces llega un punto en que llegan a creer que ya han crecido lo suficiente para dejar atrás esas prácticas, y entonces dejan de crecer a medida que dejan de alimentarse. Pasar tiempo con Dios no es elemental sino esencial. Es esencial para crecer en Él, crecer con Él, y crecer en su justicia. Cuando pasamos tiempo con Dios, Él nos cambia; nos desarrolla; aumenta nuestro deseo de tener más de Él. Aumenta nuestra hambre y sed (nuestro deseo) de justicia.

Seguir la justicia requiere alimentarnos, pero también requiere ayunar. Como nuestros estómagos, nuestros corazones tienen un espacio limitado; nuestra mente tiene un espacio limitado; nuestra alma tiene un espacio limitado. Para poder alimentarnos tenemos que ayunar. Tenemos que hacer espacio para más.

A lo largo de los años, he tenido como práctica dar un paso atrás y evaluar en qué estoy empleando mi tiempo, por si acaso me he alejado y mis prioridades no están alineadas. Ha habido veces en las que he escogido ayunar de cosas para mantenerme cerca de Jesús. Algunas veces fueron alimentos o la televisión, otras veces fueron ciertas amigas o libros, y hubo otras en las que ayuné de las noticias o las redes sociales. Normalmente son cosas sencillas; y fue a menudo durante un período de tiempo, no para siempre.

Así fue cuando nuestra familia eliminó los carbohidratos poco sanos. No estábamos planeando no volver a comer nunca carbohidratos. No estoy segura de que las muchachas hubieran sobrevivido a eso, pero cuando nos dimos cuenta de cuánto nos habíamos desviado, se convirtió en un paso necesario. He descubierto que algunas cosas tienen que dejar nuestras vidas para bien (porque son verdaderamente perjudiciales para nosotros), y otras tan solo necesitan alejarse por un período de tiempo hasta que podamos anclarnos firmemente una vez más. En otras palabras, algunos de nosotros podemos comer solamente un pedazo de pizza, y algunos otros no podemos evitar comernos la pizza entera. No voy a decir en qué grupo estoy yo, pero baste con decir que es mejor para mí que no coma pizza muy a menudo.

¿Tienes hambre y sed de justicia, de más de Él? Lo sabes por lo que quieres, por las cosas de las que te alimentas, y de qué ayunas. ¿Estás teniendo un banquete de Él y ayunando de lo que causa que te alejes? ¿O estás ayunando de Él y alimentándote de lo que causa que te alejes? Si has perdido el rumbo, quizá es el momento de pasar a una dieta keto: espiritualmente. Quizá es el momento de hacer un cambio, incluso un cambio drástico, no por razones legalistas sino a fin de dejar de alejarte, anclarte en Jesús una vez más, y volver a seguir la justicia.

No sé de lo que tienes hambre y sed en este momento, pero la buena noticia es que no tendrás que renunciar a los carbohidratos; podrás alimentarte del Pan de vida. Créeme: nunca es demasiado tarde para cambiar tus hábitos alimentarios. Para pasar de comida chatarra a comida sana. Para pasar de atiborrarte del mundo a tener hambre de Dios. Para tener hambre y sed de justicia. Para seguir la justicia con todo tu corazón.

SABES QUE HAS PERDIDO EL RUMBO CUANDO...DEJAS DE TRABAJAR Y COMIENZAS A OBSERVAR

Haz todo el bien que puedas, por todos los medios que puedas, de todas las maneras que puedas, en todos los lugares que puedas, en todos los momentos que puedas, a todas las personas que puedas, por tanto tiempo como puedas.

—Regla de John Wesley

Al mirar por la ventana de la cocina a los hombres que esta-ban trabajando en nuestro patio, lo único que pude hacer fue menear la cabeza. Mamá lo hizo una vez más. Parecía que vivía todo el invierno esperando este ritual anual de primavera; este momento de conquista; este testamento a nuestra condición de griegos.

Me preparé para lo que sabía que llegaría a continuación, para lo que había llegado a temer en años recientes. No impor-taba que yo tuviera muchas tareas escolares o que estuviera en mi último año de secundaria, o que me sintiera demasiado mayor para consentir a mamá y sus locas maneras griegas y sentimentales. Ella pedía, pero su petición no era nunca una petición.

"Christina, los hombres habrán terminado enseguida", comenzó a decir. "Quítate los zapatos y lávate los pies. Esta vez, quiero huellas de tus manos y tus pies".

Yo quería protestar, pero no me atrevía. Toda mi vida me habían enseñado que eso era muy importante: para mamá, para nuestros ancestros, para todos los griegos muertos que nunca habíamos conocido. Podía sentir la presión de la historia sobre mis hombros. ¿Cuántas veces mi papá me había recordado que tres siglos antes de que los romanos lo perfeccionaran, los griegos inventaron el cemento que tenemos actualmente?[1] Sí, los egipcios utilizaron una forma de mortero o cemento primitivo al construir las pirámides, pero no importaba.[2] Para un griego, eso no contaba. Eran las pirámides, y el mortero que utilizaron no era exactamente lo mismo que el cemento; y si los griegos podían apropiarse el mérito de algo, sin duda alguna lo harían. Por consiguiente, el cemento para un griego significaba tanto orgullo nacional como las Olimpiadas; y, para mamá, teníamos la obligación de agarrar la antorcha. Yo estaba convencida de que era su misión personal llevar el legado del cemento mientras pudiera pagar para que lo trajeran.

Poco a poco, año tras año, ella trabajaba para ahorrar dinero y contratar a un grupo de albañiles para que cubrieran nuestro patio. Sección por sección. Parcela por parcela. Y quería que las manos y los pies de los tres niños dejaran su sello en cada una de las anexiones de su propiedad. ¿Tienes idea de cuán vergonzoso es ser adolescente y que unos hombres desconocidos guíen tus pies sobre el cemento mojado? Yo no estaba segura de cuántos años más mi mamá requeriría todo aquello, pero sí comenzaba a querer mucho más rápidamente que ella que todo el patio estuviera cubierto.

En esa época, y a pesar de su pequeña huella geográfica, Grecia lideraba a Europa y las Américas en producción de cemento. Incluso habían comenzado a empaquetarlo y fletarlo.[3] Estoy segura de que, si hubiera sido rentable, a mamá le habría encantado que su cemento fuera importado de la tierra natal, aunque no estoy segura de que habría lucido diferente de ninguna manera. Después de todo, el gris es gris, ¿no? Claro está que Grecia ya no ocupa una posición tan prestigiosa en el mundo de la producción de cemento, pero supongo que se debe simplemente a la oferta y la demanda. Imagino que probablemente queda muy poco pasto en Grecia, gracias al orgullo nacional y a personas como mi mamá.

Siempre creeré que mi mamá hacía que llenaran cada sección de cemento al inicio de cada verano no solo porque había ahorrado dinero durante todo el invierno, sino también porque eso le permitía tener el resto del verano para manguerearlo. Fuera necesario o no. Mientras el clima fuera cálido, si no encontrábamos a mamá sabíamos que primero teníamos que mirar en el patio, y allí estaría ella, manguereando el cemento, apartando todas las pequeñas hojas y piedras del árbol al final de la losa. Por horas. Mira, para un griego, una manguera es una escoba. De hecho, a veces se le denomina escoba griega.[4] O escoba mediterránea.[5] Y sin importar cuántos pasos den los conservacionistas para enseñarnos a que ahorremos agua, un verdadero griego manguerea. No estoy diciendo que sea correcto o bueno para el planeta o incluso fiscalmente responsable hacer eso, pero así eran las cosas; especialmente para mi mamá.

Mis padres y todos sus amigos solían decir que, si querías que el valor de las propiedades aumentara en un barrio, entonces tenías que invitar a los griegos a mudarse allí, porque nadie sabe fabricar una losa como un griego; y nadie sabe usar una escoba griega como un griego. Parodiando a Julio César, que dijo: "*Veni, vidi, vici*", que significa "vine; vi; vencí", aún puedo oírlos reír y gritar: "¡Vinimos! ¡Vimos! ¡Cementeamos!".

Estaban muy orgullosos de sus locas maneras griegas. Algunas veces, a pesar de todas las historias sobre cómo llegaron a Sídney y dejaron todo atrás, estoy segura de que no dejaron nada atrás, porque lo llevaron todo con ellos juntamente con su condición de griegos. Incluida su afición a poner cemento en cada centímetro cuadrado de bienes raíces que pudieran. Cuando yo era ya adulta, nuestro patio era el entorno perfecto para que cincuenta personas bailaran como Zorba el Griego, o para una cancha para dos equipos de basquetbol. Tú eliges.

Para ser sincera, todo en nuestras vidas saludaba a nuestra herencia, no solo nuestro patio de cemento. Toda nuestra casa, junto con las de muchos otros, tenía más recuerdos, estatuas y tributos a nuestra tierra natal de lo que podrías imaginar. Incluso las fachadas de nuestras casas a menudo dejaban ver el altar que estaba justo detrás de la puerta principal. Si había algo que se podía pintar, comprar, o exhibir con colores azul y blanco, ahí estaba. Todo, de desde columnas jónicas, muebles pintados en el porche o tiestos, saludaba a Grecia. Créeme: si alguien hubiera construido y vendido cobertizos al estilo del Partenón, entonces estoy segura de que mis padres y cada uno de sus amigos habrían comprado uno; pero solo después de haber cubierto otra sección con cemento sobre el cual fijarlo.

Debido a que mis padres, y todos sus amigos, inmigraron a Australia sin tener a nadie con quien relacionarse sino entre ellos mismos, así es como eran. Acudían los unos a los otros en busca de todo. Desde dónde comprar un auto, dónde encontrar empleo, o a quién contratar para el trabajo del cemento. Todos se juntaban, atrincherados firmemente en la idea de que había seguridad en los números, incluso mucho después de que estuvieran establecidos y realmente no fuera necesario. Al mirar atrás, puedo entender su miedo a lo desconocido, pero haber crecido siendo la hija de inmigrantes griegos de primera generación significaba sin duda alguna haber crecido en una burbuja muy griega.

Durante toda mi niñez viví dentro de esa burbuja. Recuerdo una vez en la escuela primaria cuando me invitaron a quedarme a dormir en la casa de una amiga y mi mamá dijo no solo porque ella no era griega. No estoy segura de si había algo que hiciera sentir a mis padres más amenazados que quienes no eran griegos y sus maneras, de modo que toda mi vida, si se me permitía ir a una fiesta de cumpleaños era porque en esa fiesta todos eran griegos. Si nuestra familia iba a una boda, era porque esa boda era griega. Si íbamos a cualquier tipo de evento, se debía a que estaba dentro de nuestra comunidad griega bien unida. Pero, mientras más años cumplía, más difícil me resultaba entender por qué mis padres, mis tías, tíos y primos y todos sus amigos y vecinos griegos se quedaban dentro de su círculo todo lo posible, como si tuvieran miedo de lo que podría suceder si se aventuraban a salir a una cultura que no era la de ellos. No confiaban en nadie sino los unos en los otros, y no se debía a que no hablaban inglés. Mis padres en realidad hablaban cinco idiomas. Además del árabe que aprendieron por haber crecido en Egipto, hablaban griego, francés, italiano e inglés. ¡Eran personas brillantes! Sabían navegar por la sociedad moderna, pero decidieron vivir en un mundo pequeño que ellos mismos crearon.

Para mí y mis hermanos, toda aquella vida homogénea era simplemente como era, y creo que mis padres verdaderamente esperaban que nosotros siguiéramos con nuestra herencia griega como si el resto de la diversidad cultural y la influencia de Sídney no existieran. Pero nosotros no éramos ellos.

Nosotros éramos australianos: de nacimiento. Queríamos explorar nuestro país y todo lo que tenía que ofrecer. A mí me encantaba comer queso feta y sándwiches de oliva, pero era igualmente curiosa con respecto a mis amigos que no eran griegos, sus almuerzos de pan blanco y pasta marca Vegemite, algo que llegó a encantarme y que todavía me sigue gustando hasta la fecha. Por tanto tiempo como puedo recordar, yo quería explorar. Quería saber cómo vivían otras personas, lo que comían, y cuáles eran sus temas de conversación. Quería saber qué hacían para divertirse, lo que celebraban, incluso lo que pensaban. Yo quería salir de la burbuja; y supongo que, a mi propia manera, lo hice. Poco a poco.

Durante todos los años de mi niñez, empujé los límites. Especialmente para una muchacha. Yo era estudiosa; era una pensadora independiente; era líder. Incluso cuando eso me causaba problemas, que era la mayoría de las veces. En nuestro mundo, nunca se alentaba a una muchacha a ser estudiosa o intelectual, o a tener cualquier aspiración aparte de la de casarse y tener hijos. Yo sí que quería casarme y tener hijos, pero también tenía la sensación de que había más cosas a las que estaba llamada, aunque no tenía ni idea de lo que podría ser. Y, contrariamente a la mayoría de mi familia, estaba dispuesta a arriesgarme para descubrirlo. Seguro que había otras posibilidades. Yo parecía tener una mente propia desde el inicio, lo cual, tengo que admitir, me convirtió en una rompedora de burbujas desde el principio.

De todas las pequeñas maneras en las que causé agitación, mi decisión de estudiar en la Universidad de Sídney fue una de las más importantes. Cuando entregué mi vida totalmente al señorío de Jesús a los veintiún años, fue un movimiento incluso más importante. Cuando comencé a asistir a una iglesia diferente regularmente a los veintidós años y después me matriculé en la escuela bíblica y más adelante entré en el ministerio, mi familia ni siquiera estaba segura ya de quién era yo. Y es comprensible, porque nadie en mi familia había hecho jamás ninguna de esas cosas. Yo me había alejado tanto de la burbuja griega insular y la seguridad que ellos habían creado, lejos de todas las expectativas que tenían para mí, que pensaron que me habían perdido para siempre. Ojalá hubieran entendido que salir de la burbuja nunca significó abandonar quién era yo, sino, por el contrario, aceptar más de todo aquello para lo que había sido creada.

LA NATURALEZA DE LAS BURBUJAS

Ahora que he vivido fuera de la burbuja por más de treinta años, he llegado a entender bastante sobre las burbujas, especialmente que parece que se pueden construir por tantas razones como personas hay. Pueden tener todas las formas y tamaños. Pueden existir en cualquier parte del mundo y en cualquier segmento de la sociedad. Pueden ser familiares, culturales, educativas, de carreras profesionales, económicas, nacionales, religiosas, políticas. Pueden estar relacionadas con la edad, la etnia o el género. Pueden construirse en torno a una ideología, un conjunto de valores o metas, o una pasión o búsqueda. Las burbujas pueden construirse para mantener a las personas dentro o para mantenerlas fuera. Se pueden construir por buenas razones y para hacer cosas buenas. Por el contrario, se pueden construir por malas razones y para promover cosas malas. Pero, sin importar cómo o por qué podría existir una burbuja, sigue siendo una burbuja, y es ahí donde reside el problema.

El desafío con las burbujas es que pueden limitarnos de muchas maneras. Tienen el potencial de limitar nuestras experiencias, nuestra influencia, creatividad, e incluso nuestras cosmovisiones. Pueden limitar nuestra comprensión, tolerancia y empatía, especialmente cuando se trata de quienes viven fuera de nuestra burbuja particular. Y, sin embargo, sin importar cuán limitantes sean, parece mucho más fácil vivir dentro de una burbuja que vivir fuera.

De todas las burbujas que he observado a lo largo de los años, hay una en particular que los seguidores de Cristo deberíamos vigilar. Si no tenemos cuidado, podemos conformarnos inconscientemente a un estilo de vida cristiano que nos restringe a vivir dentro de la burbuja de la subcultura cristiana, en lugar de vivir la vida abundante que Jesús nos llama a vivir en el mundo real.

> Si no tenemos cuidado, podemos conformarnos inconscientemente a un estilo de vida cristiano que nos restringe a vivir dentro de la burbuja de la subcultura cristiana, en lugar de vivir la vida abundante que Jesús nos llama a vivir en el mundo real.

Entiendo que vivir en la burbuja cristiana puede ser atractivo; que sencillamente puede suceder. Hay una gran comodidad, familiaridad y seguridad al tener solamente amigos cristianos y moderarnos a nosotros mismos para ver solamente películas cristianas, leer libros cristianos, y escuchar podcasts cristianos. Hay una seguridad y un alivio al asistir a la iglesia, a estudios bíblicos, retiros, y conferencias con otros cristianos. Cuando aprendemos el lenguaje, entendemos las dinámicas y encontramos nuestro propio ritmo, podemos pasar todo nuestro tiempo en la burbuja sin aventurarnos nunca a salir. Y es entonces cuando podemos olvidar lo que Jesús nos dijo: "Por tanto, id, y haced discípulos a todas las naciones, bautizándolos en el nombre del Padre, y del Hijo, y del Espíritu Santo" (Mateo 28:19). También: "Id por todo el mundo y predicad el evangelio a toda criatura" (Marcos 16:15).

¿Notaste que dijo "id por todo el mundo", y no a todas las burbujas cristianas y que nos ocultemos hasta que Él regrese? ¿Por qué nos diría Jesús que vayamos a todo el mundo? Porque *"de tal manera amó Dios al mundo,* que ha dado a su Hijo unigénito, para que todo aquel que en él cree, no se pierda, mas tenga vida eterna" (Juan 3:16, énfasis de la autora).

Entiendo cuán fácil podría ser mirar alrededor a todo el caos en nuestro mundo y pensar que Dios debe estar solamente esperando a destruirlo y comenzar de nuevo, que Él aborrece al mundo y el caos en que se ha convertido, pero nada podría estar más lejos de la verdad. Dios ama al mundo; tanto, que envió a Jesús al mundo, y después Jesús nos envió a nosotros. Incluso la última noche de su vida, antes de ser crucificado oró por sí mismo para que fuera glorificado, oró por sus discípulos, y oró por nosotros (Juan 17).

Igual que las últimas palabras son muy importantes, también lo son las últimas oraciones. Y esta es la que Jesús hizo: *"No te pido que los quites del mundo, sino que los protejas del maligno. Ellos no son del mundo, como tampoco lo soy yo. Santifícalos en la verdad; tu palabra es la verdad. Como tú me enviaste al mundo, yo los envío también al mundo"* (vv. 15-18, NVI, énfasis de la autora).

Aunque Jesús oró que Dios no nos sacara del mundo, algunas veces y sin intención, nosotros mismos hacemos eso... normalmente porque hemos mordido el anzuelo de uno de tres enemigos. Tres enemigos que dan como resultado que nos alejemos de la misión.

LA BURBUJA... Y LA PRESENCIA DE TEMOR

No puedo evitar recordar todas las veces que mi mamá intentó mantenerme dentro de la burbuja griega. Como ella no entendía a la gente y la cultura australiana, tenía miedo a lo desconocido. En lugar de intentar entender la cultura australiana, se nos enseñaba a evitar asimilarla, para no perder nada de nuestra condición de griegos. Ella intentaba protegerme porque pensaba que, si yo me aventuraba a salir de la burbuja, entonces lo más seguro es que fuera contaminada, perdiera mis valores, abandonara nuestra cultura, y olvidara nuestras tradiciones. Pero yo estaba siendo asfixiada por la burbuja, porque nunca fui creada para vivir en una burbuja, sea griega o de cualquier otro tipo. Y tú tampoco.

> Nunca fui creada para vivir en una burbuja, sea griega o de cualquier otro tipo. Y tú tampoco.

A veces creo que tenemos temor a ser manchados por las personas que no son cristianas, si no en la realidad, entonces posiblemente en la reputación. Lo segundo era el temor principal de la mayoría de los líderes religiosos de la época de Jesús. Estaban obsesionados por su apariencia; les importaba más ser vistos como hombres santos que realmente ser santos, dedicados por completo a Dios y su misión. Criticaron a Jesús por las compañías que frecuentaba: pecadores y recaudadores de impuestos. ¿Y qué hizo Jesús como respuesta? Les dijo: "Los sanos no tienen necesidad de médico, sino los enfermos. No he venido a llamar a justos, sino a pecadores" (Marcos 2:17).

Cuando acudimos por primera vez a Cristo, quizá necesitamos alejarnos de ciertos entornos (alejarnos de fortalezas de pecado) a la vez que damos pasos nuevos de crecimiento en Él. Incluso después de seguir madurando en Él, necesitamos ser sabios y estar en oración acerca de no ponernos a nosotros mismos en situaciones y entornos que nos tientan.

Pero esa sabiduría es muy diferente a vivir como cautivos del temor y como un cristiano que está alejado de la misión. Cuando nos postramos ante el temor, no ante la sabiduría, y nos negamos a salir de nuestras burbujas debido al riesgo de "contaminación", hacemos una declaración: que creemos que el Espíritu Santo de Dios que vive en nuestro interior (ya sabes, el mismo Espíritu que resucitó a Jesús de la muerte) no es lo bastante poderoso para evitar que nos volvamos mundanos mientras estamos en el mundo. Pero esa es una de las razones por las que Jesús envió al Espíritu Santo para vivir en nosotros: Él nos da el poder para ser testigos *en el mundo* (ver Hechos 1:8). Tenemos el poder para estar en el mundo y no ser de él porque el Espíritu Santo habita en nuestro interior, y hemos recibido la comisión de ir a todo el mundo.

LA BURBUJA... Y LA PÉRDIDA DE ENFOQUE

Un segundo enemigo de la misión es una pérdida de enfoque. A veces nos mantenemos en la burbuja porque no podemos ver más allá de la burbuja; porque nos hemos vuelto miopes en nuestra visión. Porque hemos sustituido la misión de Él por otra: la misión de *ir* por la misión de *quedarnos*.

Cuando sustituimos nuestro llamado a seguir a Jesús a todo el mundo para hacer discípulos por un llamado a aprender únicamente a vivir una vida buena y moral en la burbuja cristiana, intentando meramente no pecar hasta que muramos e ir al cielo donde todo será increíble, llegamos estar aburridos, frustrados y cansados. ¿Por qué? Porque no nos estamos desarrollando en el lugar donde Jesús nos ha llamado a estar, que es en el mundo.

Cuando perdemos el enfoque e intercambiamos su misión por otra cosa, nos perdemos toda la aventura y el propósito que Dios ha planeado para nosotros aquí en la tierra. En nuestro interior nos sentimos alejados de Jesús y de su propósito porque deseamos hacer aquello para lo que fuimos creados. Ir. A todo el mundo. Y hacer discípulos. Como no estamos haciendo aquello para lo que fuimos creados, nos estamos alejando: cada vez más del propósito para el cual Él nos puso en este planeta.

Ahora bien, no estoy sugiriendo que nos alejemos de nuestras comunidades cristianas y las cambiemos por vivir totalmente en el mundo. Como ya hemos descubierto, las prácticas de la oración, leer la Palabra, reunirnos, y caminar en mayor santidad son esenciales para mantenernos anclados a Jesús. Pero, si no somos deliberados en tomar y llevar al mundo todo lo que aprendemos y desarrollamos mediante nuestro viaje cristiano, entonces fácilmente podemos encontrarnos perdiendo el rumbo de un modo que nunca esperamos, y relacionándonos pocas veces con personas que no son cristianas. Podemos encontrarnos retirándonos lentamente y sin hacer el esfuerzo ya por conocer a personas nuevas que no lucen como nosotros, actúan como nosotros, piensan como nosotros, o creen como nosotros. Podemos encontrarnos viviendo toda nuestra vida en la burbuja porque no miramos más allá de la burbuja.

LA BURBUJA... Y LA AUSENCIA DE FE

Cuando Jesús caminó por esta tierra, el reino de Dios entró en el mundo con gran poder. Jesús abrió ojos ciegos (ver Marcos 10:46-52). Sanó oídos sordos (ver Marcos 7:35). Habló, y los paralíticos caminaron (ver Lucas 13:10-17; Juan 5:1-14). Multiplicó alimentos (ver Mateo 14:13-21), convirtió agua en vino (ver Juan 2:1-12). Ordenó a las fortalezas del mal que se fueran, y se fueron (ver Mateo 8:28-34). Se alzó en defensa de los oprimidos y contra la injusticia.[6] Defendió a los pobres y los explotados (ver Lucas 4:18). No es extraño que habló acerca del reino más que de ninguna otra cosa (ver Lucas 4:43). Habló de cambiar este mundo, de traer el cielo a la tierra. Incluso cuando Jesús oró lo que ahora llamamos el Padre Nuestro, dijo: "Venga tu reino. Hágase tu voluntad, como en el cielo, así también en la tierra" (Mateo 6:10).

El reino de Dios se define como "el gobierno de Dios". *El gobierno de Dios es el acto de Dios* para enderezar las cosas y ayudar a las personas y al mundo a operar como era su intención.[7] Por lo tanto, parte de que hagamos la obra del reino aquí en la tierra significa que, cuando vemos lo que es equivocado, hacemos lo que podemos para enderezarlo. Cuando vemos pobreza, prejuicio, sexismo, racismo, odio, misoginia, abuso, desigualdad, desempleo, falta de acceso a la educación o el cuidado sanitario, o falta de cuidado de la creación, si está en nuestra capacidad poder hacer algo, entonces lo hacemos. Somos llamados a hacer que los lugares estériles sean fructíferos, a llevar reconciliación y restauración a todo lugar donde podamos, a todas las personas que podamos.[8]

Imagina la diferencia que podríamos marcar en las vidas de las personas si, cada vez que viéramos injusticia, decidiéramos involucrarnos. ¿Acaso las personas a las que ayudáramos no estarían más abiertas a nosotros y a un Dios que se interesa profundamente por ellos y sus problemas?

Hasta que Jesús regrese una segunda vez para establecer su reinado físico en esta tierra en su plenitud, quiere que hagamos lo que Él hizo. Quiere que dirijamos la atención de la gente hacia Dios y su bondad, y a todas las maneras en que Él es generoso, misericordioso, compasivo, y digno de confianza. Quiere que entendamos que no solo hemos sido salvos *de* algo, sino que también hemos sido salvos *para* algo, y eso es la obra del reino aquí en la tierra (ver 2 Corintios 5:11-21).

Pero, si estamos viviendo en una burbuja, entonces nos estamos alejando precisamente del lugar donde hemos sido enviados y también de las personas a las que se supone que debemos influenciar. Sin darnos cuenta, desde el punto de vista ventajoso de nuestra burbuja dejamos de trabajar y comenzamos a observar. Pero no es eso a lo que hemos sido llamados. Me atrevo a sugerir que, aunque somos los llamados a alcanzar a los perdidos, si estamos atrapados dentro de un mundo que nosotros mismos hemos creado, dentro de la subcultura de nuestra fe cristiana y alejándonos en el interior de una burbuja, entonces quizá somos nosotros los que en realidad estamos perdidos.

PERDIDOS, COMO UNA CARTA EN EL CORREO

Cuando me fui de Australia por primera vez, extrañaba terriblemente a mi mamá. Extrañaba pasar por su casa y dejar algo allí o recoger algo. Extrañaba sus abrazos, su cocina, y todas las noticias que me daba sobre los vecinos. Incluso extrañaba su loca tendencia a manguerear el cemento. Ella era una parte integral de nuestras vidas. Aunque como familia vivíamos siempre en movimiento, la veíamos regularmente. No había nada que a ella le gustara más que saludar a mis hijas cuando atravesaban la puerta de su casa dando saltitos. Como le sucedía con todos sus nietos, las adoraba. Podrás imaginar cuán difícil fue alejarme de ella, especialmente sabiendo que Catherine y Sophia no podrían seguir viéndola tan a menudo como siempre. Y ella no podría seguir viéndolas crecer, asistir a sus actividades o eventos escolares, acudir a sus fiestas de cumpleaños. Fue toda una transición.

Yo hice todos los esfuerzos posibles por llamarla frecuentemente, pero debido a la diferencia horaria y nuestros calendarios tan ocupados, a veces podía ser muy desafiante conectar. Cuando tenía un poco más de tiempo libre porque estaba sentada esperando un vuelo en un aeropuerto, tenía que comprobar el día y la hora antes de llamar. Y si ella estaba en uno de sus eventos planeados regularmente, como la noche de bingo (algo que nadie podía interrumpir nunca), entonces tenía que renunciar a llamar.

En varias ocasiones, cuando íbamos de visita, yo sugería usar el correo electrónico, FaceTime, o mensajes de texto para mantenernos al día más regularmente. Lo único que ella hacía era mirarme como si yo viniera de Marte. Ella tenía terror a todos nuestros métodos modernos de comunicación. Incluso cuando mis hijas, mis sobrinas y sobrinos intentaban ayudarle con los mensajes de texto o mostrarle que era muy fácil descargar aplicaciones en sus propios teléfonos, se divertían mucho y se reían mucho, pero el objetivo de la comunicación no daba ningún fruto. Con la ayuda de ellos, ella podía hacer el intento, pero sin ellos a su lado no había modo. Había dominado el mando a distancia del televisor y el teléfono en la pared, y hasta ahí llegaban todas sus habilidades técnicas.

Por lo tanto, finalmente recurrí a uno de los métodos más antiguos posibles de comunicación. No, no a las señales de humo o dibujos en las cuevas: las cartas. Sí, regresé a los tiempos antiguos antes de los teléfonos y del Internet, y tomé el tiempo para escribir cartas a mi mamá.

Para una mujer dada a escribir textos y tweets, tuve la sensación de que mi mundo se detenía en seco cada vez que agarraba una pluma para escribir. Pero, si quería amar a mi mamá en el mundo donde ella estaba, entonces tendría que escribir las cartas. Y aunque nunca pareció molestarle a ella, debido a la distancia que nos separaba, cuando mi mamá recibía mis cartas había pasado al menos una semana. Toda nuestra familia habría vivido al menos siete días más de aventura, y mi mamá se estaría enterando de que Catherine había actuado en un recital, o que Sophia finalmente había conseguido montar en bicicleta. ¿Puedes siquiera recordar que eso era una noticia hace una semana atrás? Y a veces las cartas se perdían en el correo, y ella nunca las recibía.

Para asegurarme de que supiera que le había escrito, le llamaba y decía: "Mamá, ¿recibiste la carta que te envié?".

La mayoría de las veces las recibía, pero en algunas ocasiones, sorprendentemente me decía: "No, Christina, no la recibí".

Entonces, claro está, yo decía rápidamente: "Bueno, mamá, lo siento. Se debe haber perdido".

Era muy decepcionante saber que mamá nunca recibió la carta que le envié, de modo que tenía que recapitular por teléfono lo que ya había incluido en la carta. Tenía que ponerle al día de las últimas noticias.

¿Cuándo fue la última vez que escribiste una carta y la enviaste a alguien? ¿Y la recibió? ¿O se perdió en el correo? ¿Era una tarjeta de cumpleaños, una tarjeta de aniversario, o una nota de agradecimiento? Me resulta muy interesante que, de las muchas cosas con las que Dios nos compara en su Palabra, una de ellas es una carta; sin embargo, tiene todo el sentido. Las cartas se envían, al igual que nosotros. El apóstol Pablo escribió: "Ustedes mismos son nuestra carta, escrita en nuestro corazón, conocida y leída por todos. Es evidente que ustedes son una carta de Cristo, expedida por nosotros, escrita no con tinta, sino con el Espíritu del Dios viviente" (2 Corintios 3:2-3 NVI).

Las cartas se envían de un lugar del mundo a otro. Las cartas llevan mensajes de una persona a otra persona. Se convierten en conexiones que atesoramos, recuerdos que guardamos. Después de que mamá falleció hace unos años atrás y limpiamos su casa, fue muy conmovedor para mí encontrar muchas de mis cartas guardadas en cajones en su cuarto y en cajas en su armario. Era como si las guardara cerca para poder volver a leerlas una y otra vez. Aquellas palabras de amor y de relación.

Y eso exactamente es lo que somos llamados a ser: la carta de amor de Dios al mundo contenida en carne humana, en personas comunes y corrientes como tú y como yo. Dios no envió un texto o puso un post en redes sociales. No, nos envió a nosotros (personas en la vida real, con defectos e imperfecciones) para llevar su mensaje. Para ir y hacer discípulos. Imagina la diferencia que podríamos marcar en las vidas de las personas si entendiéramos realmente que somos una carta de amor enviada por Dios para ellos. Impactaría cada interacción y relación que tenemos.

> Imagina la diferencia que podríamos marcar en las vidas de las personas si entendiéramos realmente que somos una carta de amor enviada por Dios para ellos.

Imagina si comenzáramos justo donde estamos, difundiendo...

+ Amor en medio de la indiferencia.

+ Gozo en medio de la tristeza.

+ Paz en medio del caos.

+ Paciencia en medio de la histeria.

+ Bondad en medio de la crueldad.

+ Benignidad en medio del egoísmo.

+ Fidelidad en medio de la despreocupación.

+ Mansedumbre en medio de la dureza.

+ Dominio propio en medio de un mundo que está descontrolado (ver Gálatas 5:22-23).

La idea misma de que somos una carta, que contenemos un mensaje, enviados a un mundo quebrado y moribundo, es muy revelador de Dios, ya que enviar es una parte importante de quién es Él y lo que hace. Primero, envió a Jesús al mundo; después, Jesús nos envió a nosotros al mundo (ver Juan 17:15-18). Y entonces Jesús envió al Espíritu Santo para empoderarnos al ir al mundo (ver Juan 14:15-31). Pero ¿qué sucede cuando Él nos envía, y sin embargo nunca llegamos? ¿Cuando su mensaje nunca es entregado?

Cuando mis cartas a mi mamá no llegaban, y yo llamaba para decirle que seguramente estarían perdidas en el correo en algún lugar, ni una sola vez le dije: "Mamá, *tú* debes estar perdida", porque no era ella quien estaba perdida.

Lo mismo sucede con nosotros. Si somos cartas vivas enviadas por Dios a un mundo quebrado, y nunca llegamos, entonces ¿no somos nosotros los que estamos perdidos?

¿Captaste eso? Es un concepto tan importante que no quiero que lo leas demasiado rápido. Quizá una de las razones por las que nos encontramos alejándonos es porque hemos perdido nuestra misión y nuestro propósito. Somos la carta de Dios que se ha quedado atascada en la burbuja cristiana o se ha distraído con las demandas de este mundo, o está preocupada con debates y argumentos religiosos, o posiblemente nos hemos estado divirtiendo tanto, que no nos hemos dado cuenta de que realmente estamos perdidos.

EL MUNDO ESTÁ ESPERANDO NUESTRA LLEGADA

Sé que a menudo nos referimos a personas que todavía no son seguidores de Cristo como "los perdidos". Pero, sin importar cuán perdidos estén, si no vamos a ellos, entonces nosotros mismos somos los perdidos. Sí, ellos están perdidos espiritualmente, pero sabemos dónde están físicamente. Están en la oficina cercana a la nuestra. Viven del otro lado de la calle. Son nuestro hermano, primo o tía; quizá es nuestro cónyuge, hijo o hija. Ninguno de nosotros tiene que ir lejos para encontrar a cualquiera de ellos. De hecho, Jesús dijo: "He aquí os digo: Alzad vuestros ojos y mirad los campos, porque ya están blancos para la siega" (Juan 4:35).

Por más de dos mil años, en cada siglo y cada generación, ha habido campos llenos de personas esperando a que acudamos a ellas. ¿Qué sucedería si comenzáramos a ver nuestros hogares, escuelas, comunidades, y lugares de negocio como campos? ¿Y fuéramos a ellos?

Jesús dijo: "La cosecha es abundante, pero son pocos los obreros. Pídanle, por tanto, al Señor de la cosecha que envíe obreros a su campo" (Mateo 9:37-38 NVI).

Jesús no dijo que había falta de trabajo, solo falta de obreros. ¿Puedes ver eso en nuestro mundo? No hay falta de necesidad, personas, causas o información. No hay carencia de música cristiana, libros, estudios bíblicos o iglesias. Simplemente hay falta de obreros que vayan a los campos a recoger la cosecha.

Yo soy una mujer de ciudad, pero he aprendido mucho de amigos que son agricultores, especialmente que cultivar frutas, verduras o granos implica trabajo que se realiza todo el año y no solo cuando llega la época de recoger la cosecha. Desde reparar equipos, vallas y tractores hasta preparar el terreno, plantar y regar, hay 365 días del año en los que la cosecha está en la mente del agricultor. Se prepara para ella, la espera, la cuida y después la recoge, solamente para volver a empezar. Es un trabajo interminable, pero las recompensas valen la pena el esfuerzo.

Del mismo modo, imagino que Dios quiere que todos vivamos con este tipo parecido de atención, buscando y viendo a los perdidos en los campos que nos rodean. Quiere que oremos por ellos, los alentemos, y les ayudemos de maneras prácticas.

Creo que todos sentimos instintivamente que es correcto hacer lo que Jesús hizo cuando caminó en la tierra. Él amaba a los pobres, los marginados, los oprimidos y los desposeídos. Incluía a quienes eran marginados por la sociedad, a quienes se consideraba que no tenían ningún valor. Dondequiera que iba, derribaba barreras y construía un puente entre las personas y Dios. Iba por todas partes haciendo el bien. Tiene mucho sentido que nos enviara al mundo para hacer lo mismo. Durante una de las muchas veces que Jesús estaba enseñando a sus discípulos, dijo: "Ustedes son la sal de la tierra […] Ustedes son la luz del mundo […]. Hagan brillar su luz delante de todos, para que ellos puedan ver las buenas obras de ustedes y alaben al Padre que está en el cielo" (Mateo 5:13-14, 16 NVI).

La sal y la luz son ambos agentes de cambio. Son catalizadores, lo cual quiere decir que, por su misma composición, no pueden evitar cambiar aquello con lo que entran en contacto. La sal mejora la comida. La sala; la preserva. La luz disipa la oscuridad. La ilumina; cambia el entorno de modo que podemos ver todo lo que antes no podíamos ver. Nosotros somos catalizadores como la sal y la luz, llamados a producir cambio en el mundo que nos rodea. En nuestras comunidades. En nuestros lugares de trabajo. En nuestros barrios. En nuestras familias. Allí donde vivimos. En las vidas de las personas con las que nos encontramos todo el tiempo.

Cuando vamos a los campos a recoger la cosecha, cuando actuamos como sal y luz en nuestro mundo, no podemos evitar emprender la acción. No podemos evitar hacer el bien. "Porque por gracia sois salvos por medio de la fe; y esto no de vosotros, pues es don de Dios; no por obras, para que nadie se gloríe. Porque somos hechura suya, creados en Cristo Jesús para buenas obras, las cuales Dios preparó de antemano para que anduviésemos en ellas" (Efesios 2:8-10).

Dios nos creó a todos para hacer buenas obras, unas obras que Él preparó para nosotros mucho antes de que naciéramos. Obras confeccionadas para nosotros y ligadas directamente a nuestro propósito. Algo que debemos realizar hasta que demos nuestro último aliento. Cuando hacemos esas buenas obras y el mundo las ve, es Dios quien es glorificado. ¿No es eso lo que queremos más que ninguna otra cosa? ¿Que Dios sea glorificado? Recordemos que fue Jesús quien dijo que *verían nuestras buenas obras y glorificarían a nuestro Padre*, que está en el cielo.

Pero si no estamos haciendo aquello para lo cual fuimos creados, entonces fácilmente podemos encontrarnos perdiendo el rumbo y preguntándonos: *¿Cómo llegué hasta aquí?*

¿Qué te está llamando Él a hacer? ¿A quién te está llamando a alcanzar con todos los dones, talentos, habilidades y conocimiento que tienes?

¿Es el adulto que nunca tuvo la oportunidad de aprender a leer?

¿Es la mujer a quien liberaron recientemente de la cárcel?

¿Es el niño que necesita un hogar de acogida?

¿Son los niños en tu comunidad que se van a la cama con hambre cada noche?

¿Es una viuda que no puede permitirse un nuevo tejado para su casa?

¿Es la muchacha con el embarazo inesperado que no sabe dónde acudir en busca de ayuda?

¿Es la mujer que vive en la puerta de al lado? ¿Cómo puedes ayudarle? De todas las personas que podrían haber vivido en la puerta de al lado, no es ningún accidente que vivas al lado de ella.

Dios nos ha escogido a ti y a mí para darlo a conocer a Él en este mundo. ¿No es eso lo que nos dijo en Mateo 28? "Por tanto, id, y haced discípulos a todas las naciones…" (v. 19). No hay ningún plan B. Somos el plan A de Dios. Él es plenamente consciente de nuestros errores, temores, dudas e inseguridades, y entiende que quizá nos sentimos totalmente inadecuados. Después de todo, ¿cómo es posible que nuestras mentes no sean inundadas de multitud de preguntas como respuesta a este llamado tan grande? ¿Cómo no sentiremos un sudor frío cuando pensamos en lo que podría significar ir a todo el mundo? Aun así, nada de eso es una sorpresa para Dios, y ninguna de nuestras limitaciones lo desalientan. Él conoce a todas las personas a las que quiere que alcancemos; las ve y se interesa por ellos tan claramente y tan profundamente como nos ve y se interesa por nosotros. Y, por lo tanto, nos envía, con defectos y todo.

SAL DE TU BURBUJA... Y VE

Dios quiere que aceptemos nuestra identidad en Él: como discípulos que Él ha enviado al mundo, como colaboradores enviados a la cosecha, como sal y luz, como personas que salen de la burbuja y van a hacer la obra de su reino. Es mi oración que cada uno de nosotros nunca subestimemos nuestra identidad y nuestra capacidad de efectuar cambio en la vida de otra persona. Yo lo hice una vez, y nunca lo he olvidado. Desde entonces, me he propuesto no volver a cometer nunca más el mismo error.

Estaba en la universidad en ese tiempo, e hice amistad con una muchacha que parecía tenerlo todo a su favor. Su nombre era Deborah. Tenía buenas calificaciones, todo tipo de oportunidades, y nunca tenía que preocuparse por el dinero. Era hermosa, segura de sí misma, y parecía tener toda su vida en orden. Nos juntábamos regularmente para ir a comer juntas, estudiar para próximos exámenes, o simplemente ponernos al día. Nos hicimos buenas amigas; por lo tanto, era entendible que me preocupara cuando dejó de responder a mis llamadas y no la veía en ningún lugar en el campus. No sabía qué hacer, pero mi preocupación siguió aumentando hasta que, tres días después, volvió a aparecer de repente.

Aparentemente, había estado en una fiesta que continuó por todo ese tiempo, donde todos habían estado consumiendo drogas para mantenerse despiertos y continuar la fiesta. Nunca olvidaré el modo en que me lo describía: "Había mucho amor.

Había mucha alegría. Había tanta paz que me sorprendió por completo". Entonces sacó una flor de su bolsillo. "Me gustó tanto, Chris, que no quería que te perdieras la experiencia, así que te guardé media pastilla".

Intenté mantener la compostura y lo rechacé educadamente, pero quedé completamente asombrada. Sus palabras me inquietaron a un nivel profundo, y no podía dejar de pensar: *Esta muchacha te aprecia tanto, que no quería que te perdieras el amor, la alegría y la paz que produce una droga. Y tú, Christine, tienes la verdadera fuente de amor, alegría y paz viviendo en tu interior, pero te da demasiada vergüenza hablar sobre Jesús porque crees que ella no lo necesita, cuando resulta que lo que más necesita es a Jesús.*

Después, encontré una habitación vacía y lloré. Le hice a Dios la promesa de que nunca más permitiría que la pasión de otra persona con respecto a algo, ya fuera drogas, dinero, éxito, o incluso una causa, fuera más apasionada que mi amor por Jesús y mi disposición a ir a todo el mundo y decirle a la gente quién es Él y lo que quiere darles: vida eterna.[9]

¿Por qué reconocemos fácilmente a las personas cuyas vidas son un caos como perdidas, pero no reconocemos que quienes parecen tenerlo todo están perdidos también? Dios quiere que entendamos que las personas perdidas se ven como todas las personas.

Desde aquel día, nunca he olvidado que hay un vacío con forma de Dios en cada corazón humano que solamente puede llenarse con el amor, la alegría y la paz de Cristo. Pero Él necesita que sus obreros, nosotros, estemos dispuestos a ir y hacer discípulos, a salir de nuestras burbujas cristianas. Jesús no quiere que nos alejemos con las corrientes del mundo, ni tampoco quiere que nos alejemos en el interior de la burbuja cristiana.

En cambio, Jesús quiere que vayamos al mundo donde Él nos ha enviado, anclados en Él, para ayudar a otras personas a anclarse en Él. Esto era tan importante para Jesús que, tras su resurrección, se aseguró de darnos nuestro "trabajo" antes de ascender para sentarse a la derecha del Padre. De hecho, fueron algunas de sus últimas palabras en esta tierra.

Las últimas palabras son algunas de las palabras más importantes que alguien puede decirnos, ¿no es cierto? Yo siempre atesoraré las últimas palabras que me dijo mi mamá. Mi hermano me ayudó a hacer un FaceTime con ella, y recuerdo mirar su dulce sonrisa y oírle decir: "Te amo".

Jesús había estado lejos del cielo por treinta y tres años, y en su camino de regreso a casa, hizo una pausa para darnos estas últimas palabras: "Por tanto, id, y haced discípulos". Creo que es momento de que hagamos del último mandato de Jesús nuestra mayor prioridad, ¿no lo crees?

Si queremos cumplir nuestro propósito, entonces necesitaremos ir donde podamos hacer discípulos, y eso nunca será muy lejos. Yo no tuve que ir a una fiesta con mi amiga o aceptar la pastilla que ella me ofreció, pero lo que entendí hace todos esos años atrás es que tenía que ser sal y luz en su mundo. Y, si queremos ser la sal y la luz que hemos sido llamados a ser, entonces tendremos que salir del salero. Tendremos que salir de nuestra zona de comodidad y relacionarnos intencionalmente con personas del mundo. Tendremos que salir de nuestras burbujas, e ir.

9

SABES QUE HAS PERDIDO EL RUMBO CUANDO...DEJAS DE AVANZAR Y COMIENZAS A DEJARTE LLEVAR

Nuestra mayor deb lidad reside en abandonar.
El modo más seguro de tener éxito es intentarlo
siempre una vez més.

—Thomas Edison

Hay pocas cosas que me gusten más que correr por la costa cuando el sol se está ocultando. Las pinceladas de Dios a lo largo del lienzo inmenso del cielo interminable son siempre asombrosas. La mezcla de colores, los rayos de luz, las nubes que pasan en el momento. El modo en que los cielos brillan en la superficie de las olas del océano. Es como si todo estuviera diseñado para ayudarme a olvidar que en realidad me falta el aliento, estoy expulsando toxinas con el sudor, y me estoy agotando por completo.

El cielo ese día era especialmente espectacular. Estaba bañado de tonos azules y púrpuras, amarillos y blancos brillantes. Los matices que danzaban sobre el agua y la arena parecían más vibrantes que nunca. Estaba en casa en California, tras una semana de viaje, y me sentía muy bien el estar corriendo por la playa, empapándome de la obra de Dios todo lo que podía. Había comenzado pensando que me ayudaría a luchar un poco contra el jet lag, pero para ser sincera, habría salido a correr incluso si no hubiera tenido jet lag. No habría podido evitarlo. Me encanta correr. Me encantan las endorfinas. Me encanta el modo en que me aclara la mente y todo el estrés sencillamente se va de mi cuerpo. Me gusta que puedo hacerlo en cualquier lugar donde mis pies y mi llamado me lleven… en Grecia en las costas del Mar Mediterráneo, en Ciudad del Cabo a plena vista del Atlántico, o donde crecí en las playas de Australia.

Por más de tres décadas, me he puesto mis tenis para correr y he salido por la puerta. Para desintoxicarme. Para limpiarme. Para absorber. Para explorar. Para mantener los pies sobre la tierra, en todos los aspectos. Físicamente, mentalmente, emocionalmente, espiritualmente. Es algo que mi alma y mi cuerpo parecen necesitar. Aunque no siempre ha sido de ese modo.

Al mirar atrás, creo que mi amor por correr debió haber comenzado el año antes de cumplir los diecisiete. Recuerdo, como la mayoría de Australia y gran parte del mundo en aquel entonces, la cobertura en televisión de la carrera de Cliff Young en el ultramaratón de 1983 desde Westfield Sídney a Melbourne: una distancia que cubría 543,7 millas. Era inconcebible para mí que alguien pudiera correr tanta distancia, particularmente alguien como Cliff.

Nunca olvidaré que solo cinco días antes de que comenzara el ultramaratón, Cliff apareció como salido de la nada. Al principio, nadie lo observó entro todos los entusiastas de la carrera. Como cientos de otras personas, él parecía ser un espectador más entre la multitud. Pero cuando se registró para correr y después llegó la mañana de la carrera vistiendo un overol y chanclos sobre sus botas de trabajo, era difícil pasarlo por alto. Sin duda alguna, sobresalía entre los corredores de élite que eran algunos de los deportistas más en forma y más competitivos del mundo. Especialmente ya que todos vestían ropa profesional que les proporcionaban las principales marcas deportivas del mundo.

Nadie se tomó en serio a Cliff. Ni los medios de comunicación, ni los oficiales de la carrera, y sin duda ninguno de los otros corredores. ¿Cómo podían hacerlo? Cliff era un agricultor de papas de sesenta y un años que había vivido toda su vida cuidando de dos mil ovejas en dos mil acres a pie con sus botas de goma. Durante la mayor parte de su vida, su familia no había tenido dinero para caballos o autos. Cuando le preguntaron si podía correr la carrera, su respuesta fue sencilla: "Sí puedo".

Debido a eso, una nación entera sintonizó para ver si realmente podía hacerlo, incluida yo misma. Ver su progreso en las noticias de la noche se convirtió en un mero entretenimiento. Al principio, la gente no estaba segura de si reírse de él o animarlo, pero de todos modos, nadie podía dejar de seguirlo. Junto con millones de otras personas, yo me sentaba pegada al televisor cada noche, completamente cautivada.

El primer día, cuando se dio el pistoletazo de salida y los corredores salieron, Cliff partió de la línea de salida arrastrando los pies... literalmente. Los medios se burlaron de él porque tenía un estilo propio en el que apenas levantaba los pies del suelo. Y para colmo, corría sin sus clientes postizos. Dijo que castañeteaban cuando corría. Los oficiales de la carrera estaban seguros de que desfallecería, de modo que seguían su progreso muy de cerca, listos para rescatarlo en cualquier momento por una emergencia médica.

En los dos primeros días, se hizo obvio que él ni siquiera conocía las reglas de la carrera. Los corredores tenían que correr por dieciocho horas y después dormir seis. Debido a que Cliff estaba tan lejos al inicio, gracias a su estilo de arrastrar los pies y como no sabía que debía detenerse en la marca de las dieciocho horas para dormir, siguió corriendo... ¡y solo durmió un par de horas a lo largo de los dos días siguientes! Mientras los otros corredores corrían y descansaban según lo previsto, Cliff seguía corriendo, y finalmente tomó ventaja.

Cuando llegó el quinto día, parecía que el mundo entero se había unido a Australia para animar al agricultor de papas. Parecía que todos habían comenzado a tomarlo un poco más en serio. Seguía corriendo sin sus dientes, pero permanecía en la carrera; y no se detenía. Le habían dado un nuevo par de tenis, un estilo de zapatos con los que nunca antes había corrido. Ahora vestía pantalones cortos y una chaqueta con cremallera. Se filmaba en cada uno de sus movimientos: cuando se detenía para descansar y cuando comía mientras corría. Cuando un reportero le preguntó cómo se motivaba a sí mismo para correr por más de cinco días continuamente y sin dormir, él dijo que se imaginaba que estaba persiguiendo a las ovejas durante días ya que tenía a un muchacho en la granja cuando tenía que dejar atrás por una tormenta.

Cerca del final del sexto día, cuando las noticias conectaron con el ultramaratón, Cliff todavía estaba en la delantera. Increíble. Cuando los reporteros corrieron a su lado y pusieron un micrófono delante de su cara, él parecía tan sorprendido por su progreso como ellos. Sin duda alguna, lo que había parecido imposible tenía muchas probabilidades de suceder; y sucedió.

Cliff Young terminó la carrera tras correr cinco días, quince horas y cuatro minutos (el equivalente a cuatro maratones al día), batiendo el récord anterior en más de dos días. Cuando le dieron el dinero del premio, que era de diez mil dólares, él dijo que no sabía que había un premio. Como sentía que todos los corredores habían trabajado tan duro como él, regaló dos mil dólares a cada uno de los otros cinco finalistas, y se fue sin quedarse nada de dinero.

Cliff se convirtió en un héroe nacional, y su participación poco convencional en realidad cambió el modo en que participaban los corredores. Desde 1983 en adelante, los corredores dormían solo tres horas en la noche en lugar de seis, aunque en la actualidad la mayoría de los competidores de ultramaratón no duermen nada. Y muchos corredores adoptaron su estilo de arrastrar los pies. Estaba claro que ir arrastrando los pies en una carrera era más aerodinámico y ahorraba energía. Se denominó el "arrastre Young".[1]

Cuando terminó la carrera, y siguieron incontables entrevistas en programas, a Cliff le preguntaron lo que todos queríamos saber: "¿Cómo lo hizo?".

Nunca he olvidado su respuesta: "Nunca me detuve. Seguí adelante".

ESTAMOS CORRIENDO UNA CARRERA

Hasta la fecha, me resulta inspirador que Cliff no ganó el ultramaratón debido al tiempo que pasó con los mejores entrenadores del mundo. No ganó porque iba ataviado con la última moda. No ganó porque seguía una dieta keto, vegana, vegetariana, o hacía ayuno intermitente. Ganó porque siguió adelante. Prosiguió. Algo que pudo hacer porque había proseguido una y otra vez en el pasado. Había obtenido perseverancia al perseguir ovejas durante toda su vida. En medio de la lluvia, en el barro, en el frío, en el calor sofocante. Cuando tenía ganas de hacerlo y cuando no. Cuando ganó la carrera, hizo lo que había hecho siempre, hasta que cruzó la línea de meta y ganó.

Entiendo que la mayoría de nosotros nunca correremos una carrera de larga distancia como hizo Cliff, pateando el pavimento durante cientos de kilómetros, pero hablando espiritualmente estamos en una carrera que es incluso más trascendental. Estamos corriendo un ultra maratón espiritual que recorrerá la distancia de toda una vida; y cómo corramos la carrera marcará toda la diferencia en el modo en que crucemos la línea de meta, o incluso si llegamos a alcanzarla.

Lo sé porque, en un versículo tras otro, la Biblia compara nuestro viaje en esta tierra con una carrera y lo que será necesario para correr nuestras carreras individuales. Cuando Pablo escribió a los corintios, les dio instrucciones sobre cómo correr: "¿No sabéis que los que corren en el estadio, todos a la verdad corren, pero uno solo se lleva el premio? Corred de tal manera que lo obtengáis" (1 Corintios 9:24).

> Estamos corriendo un ultra maratón espiritual que recorrerá la distancia de toda una vida; y cómo corramos la carrera marcará toda la diferencia en el modo en que crucemos la línea de meta, o incluso si llegamos a alcanzarla.

Hablando de cómo corría su propia carrera, dijo: "Así que yo no corro como quien no tiene meta" (1 Corintios 9:26, NVI).

En otra ocasión dijo: "Sin embargo, considero que mi vida carece de valor para mí mismo, con tal de que termine mi carrera y lleve a cabo el servicio que me ha encomendado el Señor Jesús, que es el de dar testimonio del evangelio de la gracia de Dios" (Hechos 20:24 NVI).

Cuando había terminado su carrera, al final de su vida, escribió a su aprendiz Timoteo y le dijo: "he acabado la carrera, he guardado la fe" (2 Timoteo 4:7).

Alentando también a los primeros cristianos, el escritor de Hebreos dijo: "corramos con perseverancia la carrera que tenemos por delante" (Hebreos 12:1 NVI).

Aunque todos estos versículos nos muestran que nuestras vidas son una carrera espiritual, es igualmente importante para nosotros entender *cómo* necesitamos correr nuestra carrera de modo que cumplamos todos los propósitos y planes que tiene para nosotros; para que podamos obtener el premio. Por una parte, yo no quiero perderme ni una sola cosa que Dios haya planeado para mí. Cuando quería tocar la campana, imagina si lo hubiera hecho. *¿Qué* me habría perdido? *¿A quién* me habría perdido? Algunas veces, en el momento de nuestra angustia no siempre vemos todo lo que hay al otro lado de nuestras decisiones. Hay personas a las que Dios ha asignado a nosotros, personas que están esperando tener un encuentro con la misericordia de Jesús, con su gracia, amor, bondad, justicia y generosidad. Cuán importante es que nos mantengamos en la carrera, confiando en Dios en que prosperaremos si lo hacemos, impactando incluso a más personas con el evangelio.

Estoy convencida de que debemos vivir nuestras vidas con la misma intencionalidad que el apóstol Pablo, para que no nos perdamos ni una sola carrera que Dios tenga para nosotros. Pablo corrió con propósito; estaba muy enfocado y determinado; tanto, que en cierto punto dijo:

No es que ya lo haya conseguido todo, o que ya sea perfecto. Sin embargo, *sigo adelante* esperando alcanzar aquello para lo cual Cristo Jesús me alcanzó a mí.

Hermanos, no pienso que yo mismo lo haya logrado ya. Más bien, una cosa hago: olvidando lo que queda atrás y esforzándome por alcanzar lo que está delante, *sigo avanzando* hacia la meta para ganar el premio que Dios ofrece mediante su llamamiento celestial en Cristo Jesús. (Filipenses 3:12-14, NVI, énfasis de la autora)

Si queremos correr nuestra carrera de tal modo que obtengamos el premio, entonces tendremos que seguir avanzando atravesando todo lo que nos angustie y salga contra nosotros. Tendremos que seguir avanzando desde donde estamos hasta donde Dios quiere que vayamos. Tendremos que seguir adelante a pesar de nuestra carne, de nuestros sentimientos, y de nuestro dolor. Tendremos que seguir adelante atravesando nuestras ambiciones, nuestros deseos y nuestras expectativas. Incluso tendremos que seguir adelante atravesando nuestros éxitos; después de todo, son los triunfos los que a menudo nos hacen caer en la apatía o la complacencia, el orgullo o la arrogancia. En ciertas áreas de nuestras vidas, en ciertos períodos de nuestras vidas, tendremos que pulsar el botón de play, pausa o stop, porque avanzaremos si seguimos adelante.

Cuando Pablo dijo que debemos seguir adelante, él había atravesado mucho más de lo que puedo comprender. Su carrera no fue fácil. Cuando escribió a los filipenses, ya había soportado ser flagelado cinco veces con treinta y nueve latigazos, golpeado tres veces con varas, apedreado, y había naufragado tres veces, además de haber pasado veinticuatro horas en mar abierto (¡estoy segura de que habría pasado el curso de formación de los Navy SEAL!). Había experimentado peligro proveniente de bandidos, de otros judíos, y de gentiles igualmente. Sabía lo que era no dormir, pasar hambre y pasar sed. Había soportado tener frío y estar desnudo (ver 2 Corintios 11:23-27). Y aun así, escribió el lema más positivo y lleno de fe: "Sigo adelante".

Personalmente, yo no he tenido que experimentar ninguna de las cosas que le ocurrieron a Pablo mientras he corrido mi carrera, ni tampoco quiero experimentarlo. Estoy segura de que tú tampoco quieres, pero todos tenemos una carrera que correr y, por lo tanto, hay cosas en las que debemos seguir adelante continuamente. La carrera de cada persona es única y distinta, llena de altibajos, placer y dolor, alegría y sufrimiento, pruebas y tribulaciones, bendiciones y misterio. Pero, como nos mostró Cliff Young, hay tan solo una manera de terminar una carrera, y es no detenernos nunca y seguir adelante.

Cliff hizo que pareciera muy fácil, especialmente desde mi punto de vista aventajado, sentada en el sofá y mirándolo por televisión. Ir arrastrando los pies hacía que pareciera sin esfuerzo, muy natural, pero en raras ocasiones se ve de ese modo para nosotros. Creo que algunas veces idealizamos esta carrera espiritual y creemos que no habrá baches en el camino, que no habrá agujeros, vallas, obstáculos o desvíos, pero a menudo los hay.

Esta carrera puede parecer abrumadora a veces, ya lo sé. Me gustaría poder decirte que será fácil, o que se volverá más fácil a medida que avanzamos, pero no puedo hacerlo. ¿Quizá estimulante o aventurera? Sí. Pero ¿fácil? No. Me gustaría poder recomendarte algún suplemento muy potente de la raíz de la planta corredora, pero todavía tengo que encontrarlo. Me gustaría que hubiera otro modo, cualquier otro modo, de ganar nuestra carrera que no fuera seguir adelante, porque todos sabemos que preferiríamos que nos cargaran.

He dicho que me encanta correr, y al inicio de este capítulo pinté una imagen hermosa de cuán vigorizante es hacerlo, pero para ser incluso más sincera, cuando termino una carrera realmente buena, estoy a punto de desmayarme. Si alguien se hubiera ofrecido a cargarme hasta la casa o al hotel, o donde me esté quedando, habría estado de acuerdo. Pero Pablo nos lo dijo, y no solo una vez sino dos veces, para que realmente lo entendiéramos.

"*Sigo adelante* esperando alcanzar aquello para lo cual Cristo Jesús me alcanzó a mí".

"*Sigo avanzando* hacia la meta para ganar el premio".

Al ser alguien que nunca pierde la oportunidad de insertar una palabra griega, la raíz del significado para *seguir adelante* en este texto es *dioko*, que significa "proseguir, perseguir, ir a la caza".[2] Por lo tanto, cuando Pablo seguía adelante, proseguía, perseguía e iba a la caza de Aquel que había capturado su corazón. Seguía avanzando para ganar el premio, que es Jesús. Del mismo modo, si queremos correr nuestra carrera para ganar el premio, si queremos cruzar la línea de meta, entonces tendremos que perseguir más de Jesús con todo nuestro corazón. Ninguno de nosotros puede correr su carrera en sus propias fuerzas. Necesitamos más de Él a fin de seguir corriendo tras Él. Pero hemos de entender esto: Jesús nunca quiso que corriéramos nuestra carrera solos, y prometió que estaría con nosotros siempre, hasta el fin del mundo (ver Mateo 28:20). Por lo tanto, cuando corremos tras Él, de hecho Él está con nosotros en cada paso del camino. Realmente no hay nada que supere eso.

Como Jesús es el ancla de nuestras almas, seguir avanzando hacia Él es otra manera de mantenernos unidos a Él y a su propósito para nuestra vida. Es una manera más de evitarnos a nosotros mismos perder el rumbo porque, como mencioné en el capítulo 1, lo único que tenemos que hacer para comenzar a perder el rumbo es nada. Igual que las corrientes del océano pueden llevarnos a lugares donde nunca quisimos ir, si no proseguimos buscando más de Jesús, entonces las corrientes de nuestro tiempo nos llevarán hacia donde se dirigen. Sin darnos cuenta, podemos comenzar a *dejarnos llevar*, lo cual, por definición, significa que nos estaremos "moviendo hacia adelante sin utilizar ninguna fuerza".[3]

Jesús nunca quiso que viviéramos en esta tierra impotentes. Sabía que necesitaríamos ayuda, y nos la dio. Cuando Jesús dejó esta tierra, nos dio al Espíritu Santo (el mismo Espíritu que lo resucitó de la muerte) para que viva en nosotros y nos ayude a correr nuestra carrera (ver Juan 16:7; Romanos 8:11; 1 Corintios 3:16). Para darnos poder: poder para vencer al enemigo, para resistir la tentación, para derrotar el temor, y para hacer las cosas que Dios nos ha llamado a hacer (ver Lucas 9:12; Hechos 1:8; 2 Timoteo 1:7). ¡Literalmente tenemos su poder de resurrección viviendo en nuestro interior! Piensa en lo mucho que necesitamos su fortaleza, su fuerza, su poder para vencer y seguir avanzando en cada área de nuestras vidas. Cada día. ¿Por qué querría cualquiera de nosotros avanzar sin utilizar todo el poder que Dios ha puesto a nuestra disposición?

Como estamos en el último capítulo de este libro, y a estas alturas ya sabes que no quiero que nadie se aleje de Jesús o de su propósito, quiero que tomes un momento y te preguntes a ti mismo si quizá has dejado de seguir avanzando en alguna área de tu vida. ¿Estás simplemente dejándote llevar, moviéndote por inercia, pero ya no sientes pasión en tu búsqueda de Jesús y de todo lo que Él tiene para tu vida? ¿Puedes identificar un área en tu vida donde has dejado de tomar riesgos y de dar pasos de fe?

¿Un área donde, quizá, en lugar de seguir adelante has ido hacia atrás? ¿Un área donde el dolor, el costo, la pérdida o la decepción pesaron mucho más que el placer de la búsqueda? Es muy fácil poner el piloto automático y dejar que la corriente de la sociedad, nuestros sentimientos o nuestros deseos nos lleven dondequiera que vayan. Especialmente cuando estamos sufriendo.

Todos atravesamos cosas que causan que hagamos eso: alejarnos. A lo largo de las páginas de este libro, he hecho todo lo posible por demostrar cuán fácilmente puede suceder. Al mismo tiempo sería negligente si no mencionara que también podemos dejar de seguir adelante cuando no estamos sufriendo y las cosas van bien. Es natural. Sin algo que nos presione, es fácil que nos dejemos llevar, siendo empujados por las corrientes y permitiendo que nos lleven hacia donde vayan. Cuando todo va bien, es fácil comenzar a no hacer nada, pero nuestro nada es siempre algo, ¿no es cierto?

¿Qué hacemos cuando no hay dolor en nuestro corazón o ninguna presión que nos aplasta? ¿Cuando no hay ninguna emergencia, ni crisis, ni desafío? ¿Cuando hay dinero en el banco, comida en la mesa, y unas vacaciones en el horizonte? ¿Cuando hemos ascendido la escalera empresarial y nuestra carrera va al alza? ¿Cuando hemos iniciado el negocio que siempre planeamos? ¿Cuando nuestro matrimonio es feliz y nuestros hijos están bien? ¿O cuando disfrutamos de la vida de soltería, y quizá incluso viajamos a todos los lugares donde soñamos ir? ¿Cuando tomamos los cursos universitarios que siempre quisimos tomar, en la universidad a la que siempre esperamos asistir? El punto es que podemos comenzar a alejarnos con la misma facilidad cuando todo va estupendamente, cuando estamos en un período que es exactamente por lo que habíamos orado, y posiblemente por lo que trabajamos tan duro.

Quizá es momento de que comprobemos nuestros marcadores, como mi papá nos enseñaba de niños cuando estábamos en la playa de Umina. Levantar la vista y comprobar dónde estamos y cuán lejos podríamos habernos desviado.

Si sospechas que has retrocedido, sin considerar cuál sea la razón o las circunstancias, tienes que saber que, a pesar de cuán lejos de Jesús sientas que estás, nunca es demasiado lejos. Él te ve. Él sabe, y le importas. Sigues estando a su alcance, y Él quiere ayudarte a echar y fijar el ancla. Este libro está en tus manos en este momento en el tiempo y en el lugar donde estás por una razón. Mi oración por ti es que Dios sople sobre estas palabras para abrir tu corazón quebrado, hecho pedazos o endurecido al deleite de volver a seguir a su Hijo.

ES MOMENTO DE SEGUIR AVANZANDO

No hay ninguna duda de que, cuando llegué a ese momento donde pensé seriamente en tocar la campana, lo que estaba diciendo era que estaba cansada de seguir avanzando. Me pregunté momentáneamente si valía la pena seguir. Llevaba décadas avanzando, y había estado sintiendo la presión de todo ello de modo más agudizado por dos años consecutivos. Sencillamente pensaba que ya no podía aguantar más. Como mencioné al inicio de este libro, no estaba teniendo una crisis de fe; no quería apartarme de Jesús ni de nuestro ministerio. No iba a apartarme por completo; solo quería dejar de avanzar y, por lo tanto, invariablemente, tan solo dejarme llevar hasta la línea de meta. Sin tomar más riesgos. Sin ser pionera de nada más. Sin creer más a Dios para lo imposible. Sin llevar una vida sacrificial. Imaginaba que supervisar nuestro trabajo desde una pequeña cafetería soñada en Grecia, ubicada perfectamente en la isla de Santorini, sería preferible a la energía que se requiere para seguir avanzando.

Sabía que, si seguía adelante del modo en que siempre lo había hecho, dándolo todo sin retener nada, eso significaría invariablemente más dolor, más sufrimiento, más exposición, más vulnerabilidad, más ataques. No sabía si quería seguir avanzando en medio de más cansancio, decepción, desilusión, ofensa, dolor, fracaso, errores, rechazo, pérdida, tristeza, traición, o en el territorio desconocido, no planeado ni rastreado que seguramente había por delante. Habría preferido quedarme en las cosas que eran seguras, encontrar contentamiento en lo predecible y lo factible, comenzar a dejarme llevar, sin seguir avanzando más. Y, además, realmente me encanta ver el atardecer en Santorini.

> Solo cuando levantamos la mirada y fijamos nuestros ojos en Jesús, y solamente Jesús, es cuando podemos ver que bien vale la pena seguir avanzando.

Quedé asombrada por mi propia respuesta. Nunca pensé que llegaría a un lugar en el que pensaría ni siquiera en no seguir avanzando. Pero, momentáneamente, perdí de vista a Jesús, principalmente porque tenía el corazón quebrantado y me sentía vulnerable, confundida, cansada y débil. Cuando perdemos de vista a Aquel hacia quien corremos y avanzamos, parece que ya no vale la pena el dolor de seguir adelante. ¿No estarías de acuerdo en que la única razón por la que cualquiera de nosotros crucificaríamos nuestra carne, nos negaríamos a nosotros mismos, seríamos obedientes, nos mantendríamos fieles y seguiríamos avanzando es a causa de Jesús? Si no fuera por Él, entonces, seriamente, nada de esto valdría la pena. Nada en absoluto. Es un precio demasiado alto que pagar por cualquiera o por cualquier otra cosa. Solo cuando levantamos la mirada y fijamos nuestros ojos en Jesús, y solamente Jesús, es cuando podemos ver que bien vale la pena seguir avanzando. Para mí, así fue como encontré la fortaleza y la valentía para no tocar la campana.

Aun así, cuando decidí seguir adelante sabía que sería doloroso; pero también sabía que una mayor presión produciría más fruto, y en lo profundo de mi ser, quería dar a Dios mayor gloria por producir más fruto. Sabía que, como todavía estaba viva y respirando, Dios debía tener más fruto para que yo produzca. Después de todo, Jesús nos dijo que es para la gloria de nuestro Padre que demos *mucho* fruto (ver Juan 15:8). Y, como no parece haber fecha de caducidad para este versículo, mientras tengamos vida, siempre habrá más fruto que dar. Cuando proseguimos y dejamos atrás una cosa, podríamos tener una mejoría temporal, pero la recompensa por pasar la prueba de la presión es más presión, y más fruto.

Me ayuda imaginarlo de este modo: las uvas son aplastadas para hacer vino. Los diamantes se forman bajo presión. Y, lo mejor de todo, el alimento básico de la cultura griega, las olivas, son presionadas para obtener el aceite de oliva.

Cuando yo era pequeña, el aceite de oliva era un ingrediente esencial en la cocina de mi mamá, y hasta la fecha disfruto de un aceite de oliva fuerte y con sabor en ensaladas, tomates, queso, casi en cualquier cosa. Incluso me gusta el olor de las olivas frescas. Uno de mis momentos favoritos para estar en la región sureña de Europa es cuando el olor de los olivos es más fuerte: justo antes de que sean cosechadas las olivas. El aire que les rodea es intenso, y es uno de mis aromas favoritos. Supongo que incluso mi sentido del olfato sabe que soy griega.

Pero, para obtener un aceite de oliva extra virgen con sabor y robustez (EVOO), hay que presionar las olivas; tienen que ser aplastadas; tienen que soportar ser transformadas de un estado a otro. No quiero entrar en demasiados detalles, pero para darte una idea de lo que quiero decir, inicialmente, cuando las olivas son cosechadas de los árboles, se limpian rápidamente y se presionan para formar una pasta, con los huesos y todo, ya sea con un antiguo método de rueda de molino que pesa cientos de kilos o con equipos industriales modernos. Entonces la pasta se extiende sobre telas fibrosas que se superponen en capas una encima de la otra, donde son presionadas incluso más con kilos y kilos de presión tan intensa que se exprime cada gota.

Pero, incluso después de todo eso, el aceite pasa por otro tipo de presión. Se calienta, lo suficiente pero no demasiado, de modo que las impurezas vayan al fondo y el EVOO suba a la superficie. Es sedoso y tiene un color hermoso, y está listo para ser almacenado donde puede descansar. Muy parecido a la prueba del gusto de un vino fino, el aceite de oliva se degusta para asegurar su calidad.[4] Más adelante, cuando ha descansado el tiempo suficiente, se embotella en botellas de cristal color verde u oscurecidas, el color perfecto para bloquear los dañinos rayos UV que pueden estropearlo.

El aceite de oliva que mejor sabe se hace cuando las olivas se recogen en el momento adecuado, se aplastan rápidamente para convertirlas en una pasta, vuelven a ser presionadas en los intervalos correctos, calentadas a la temperatura adecuada, enfriadas durante el periodo de tiempo correcto, y después embotelladas en el momento correcto. Sin ninguna duda, llegar a tener la botella de aceite perfecta requiere la cantidad adecuada de presión en los momentos adecuados.

De modo similar, para que corramos nuestra carrera de tal modo que obtengamos el premio, tendremos que ser presionados con la cantidad adecuada de presión en los momentos correctos; y entonces, lo que realmente determinará cuánto del premio obtenemos es el modo en que respondamos a la presión. Si queremos crecer, si queremos ser más semejantes a Cristo, si queremos que Él llene más de nosotros con más de Él, si queremos cumplir todos los planes y propósitos de Dios para nuestras vidas, entonces decidiremos soportar la presión y seguir avanzando...

- ✦ Más allá de nuestro pasado.
- ✦ Más allá de las tendencias de nuestra carne.
- ✦ Más allá de nuestros temores.
- ✦ Más allá de nuestros errores.
- ✦ Más allá de nuestros fracasos.
- ✦ Más allá de nuestros desengaños.
- ✦ Más allá de nuestro sufrimiento.
- ✦ Más allá de nuestras inseguridades.
- ✦ Más allá del dolor.
- ✦ Más allá de nuestros éxitos.
- ✦ Más allá de nuestra zona de comodidad.
- ✦ Más allá de nuestra complacencia.
- ✦ Más allá de nuestra familiaridad.
- ✦ Más allá de cualquier cosa que nos esté reteniendo. [/QI]

Más allá de lo que nos esté presionando. Mirando a Jesús. Buscando más de Jesús. Corriendo tras Él. Es muy fácil para nosotros pensar: *Si sigo adelante esta vez, o atravieso esto, entonces llegaré a casa libre,* pero mientras sigamos respirando, todavía habrá más presión.

Al mirar atrás, en cada temporada y etapa de mi vida y ministerio cristiano, Dios ha requerido siempre de mí que siga adelante atravesando cosas cuando yo habría preferido ser liberada de ellas. Pero fue el proceso de presión el que produjo la unción y la formación de carácter necesarios y requeridos de mí para hacer lo siguiente que Dios me llamó a hacer. Durante todo el proceso de presión, Dios ha seguido preparándome continuamente para las cosas que Él había preparado para mí. Ha sido muy fiel en prepararme para la siguiente etapa de mi carrera.

TENEMOS NECESIDAD DE PERSEVERANCIA

Me gusta aterrizar en una nueva ciudad, ponerme mis tenis de correr y salir afuera, aunque muchas veces eso me ha conducido a aventuras inesperadas. Podrías pensar que he aprendido, pero en más de una ocasión me he perdido y he tenido que correr mucha más distancia de la que jamás pensé que podría para encontrar mi camino de regreso hasta donde comencé. Ha sido en esos momentos cuando me he agotado hasta el punto de no creer que podía dar un paso más, cuando me he imaginado a mí misma como corredora de un maratón que se ha chocado con un obstáculo y tiene que seguir adelante recorriendo las millas. A veces, incluso me he imaginado a mí misma rompiendo la cinta en la meta. Es una ilusión grandiosa, lo sé, ya que no soy una corredora *tan* seria. Aun así, he sabido lo que es pensar que voy a derrumbarme. Que posiblemente no puedo seguir corriendo. Que no puedo seguir adelante. Y, sin embargo, cada vez he encontrado la fortaleza. Nunca he estado tan perdida como para no poder regresar.

He descubierto que lo mismo es cierto cuando he corrido mi carrera espiritual. Muchas veces, me he chocado contra un obstáculo y he pensado: *Ya no puedo más. No puedo seguir adelante. No puedo dar ningún paso más.* Y, sin embargo, de alguna manera lo hice, aunque no fue nunca en mis propias fuerzas. Siempre fue en las fuerzas de Él, pero sus fuerzas que se han integrado en mi interior.

En otras palabras, todos los años de seguir adelante han producido una fortaleza en mi vida que no puede producirse de ningún otro modo. Han producido *perseverancia*, algo que Pablo dijo que necesitaríamos para correr nuestra carrera (ver Hebreos 10:36). Algo que nos hace seguir avanzando, incluso cuando creemos que no podemos avanzar más. Al mirar atrás, siento la seguridad de que esa fue una parte muy importante de por qué no toqué la campana. Aunque no entendía plenamente cómo había llegado hasta donde terminé estando, había seguido avanzando por tantos años que no podía evitar seguir adelante. Intervino la perseverancia y me hizo seguir avanzando. Es lo que me ayudó a atravesar y dejar atrás cada muro que no podía verme atravesando.

Funciona del mismo modo en las vidas de todos. Cuando seguimos adelante una y otra vez, avanzando en busca de más de Jesús, nos fortalecemos espiritualmente. Construimos perseverancia, que es un componente crítico para nuestra carrera. *Perseverancia* es "la capacidad de soportar dificultades o adversidad".[5] Es la capacidad y el poder para soportar bajo circunstancias difíciles. Es una fortitud esperanzada que persevera hasta el final. En el idioma griego original de Nuevo Testamento es *hupomone*, una palabra compuesta que se traduce como "permanecer bajo".[6] Es una cualidad construida al permanecer bajo presión, algo de lo que nuestra inclinación natural quiere alejarse. ¿Acaso no preferimos todos la comodidad y el alivio? ¿No queremos todos escapar cuando la presión se vuelve demasiado grande? Sé que yo quiero eso, pero con la vida llega la presión. No construí fortaleza espiritual haciendo las cosas que me resultaban fáciles, sino venciendo las cosas que pensaba que no podría vencer. Así es como crecí en la fe. Estoy segura de que es así también como tú has crecido en tu fe.

No construí fortaleza espiritual haciendo las cosas que me resultaban fáciles, sino venciendo las cosas que pensaba que no podría vencer.

A veces, solo necesitamos recordar hasta dónde hemos llegado para correr la siguiente etapa de nuestra carrera. Eso es lo que dijo básicamente el escritor de Hebreos: "Recuerden aquellos días pasados cuando ustedes, después de haber sido iluminados, *sostuvieron una dura lucha* [...] Así que no pierdan la confianza, porque esta será grandemente recompensada. *Ustedes necesitan perseverar*" (Hebreos 10:32, 35-36, NVI, énfasis de la autora). Hay una sola manera de construir perseverancia, y es si seguimos avanzando: una y otra vez.

Imagina qué bonito sería si la perseverancia fuera una aplicación para el teléfono. ¿No sería estupendo si pudiéramos abrirla y pedirla como hacemos con cualquier otra cosa que necesitamos? Si queremos un taxi, hay una aplicación. Si queremos hacer una reserva en un restaurante, hay una aplicación. Si queremos alimentos, un programa de televisión o una película, noticias, deportes, o conocer la meteorología, hay una aplicación. Pero no hay ninguna aplicación para la perseverancia. ¡Lo he comprobado! No es algo que podemos descargar. Es una fortaleza que solamente puede construirse cuando nos mantenemos en algo mientras lo único que queremos hacer realmente es abandonar. Es una fortaleza que se construye solamente mediante la resistencia. Créeme, cada vez que mi entrenador añade más peso a la barra, me quejo; pero mis músculos se harán más fuertes solamente si hago presión contra más resistencia.

Excepto para unas pocas personas en este mundo, la vida por lo general no discurre como habíamos planeado. Está llena de bolas con efecto, retos inesperados, pérdida, decepción, tristeza y angustia. Si has leído alguno de mis otros libros, entonces sabes que mi vida ha sido cualquier cosa menos una vida libre de problemas y libre de dolor. Me encantaría decir que siempre hay un camino fácil para avanzar, pero la experiencia y la Escritura nos dicen que no es eso lo que sucede normalmente. Vivimos en un mundo caído, y las pruebas son parte de vivir en este mundo; por lo tanto, tendremos problemas, cometeremos errores, experimentaremos decepciones, tendremos pérdidas, nos cansaremos, querremos tocar la campana, querremos abandonar. Nos encontraremos en un lugar preguntando: *¿Cómo llegué hasta aquí?* Pero si seguimos adelante y forjamos perseverancia, entonces tendremos la fortaleza para no dejar nuestra carrera; tendremos la fortaleza para no abandonar.

Sé que Jesús vino a esta tierra siendo plenamente divino y sin embargo plenamente hombre (ver Colosenses 2:9; Hebreos 1:3). El término teológico para este profundo misterio es *unión hipostática*. Aunque Jesús caminó por esta tierra como nuestro Salvador, también lo hizo siendo plenamente humano, capaz de estar familiarizado íntimamente con las fragilidades de nuestra humanidad. En otras palabras, Él sabía entonces y sabe ahora lo que es sentir lo que nosotros sentimos. El escritor de Hebreos lo describió de este modo: "Porque no tenemos un sumo sacerdote incapaz de compadecerse de nuestras debilidades, sino uno que ha sido tentado en todo de la misma manera que nosotros, aunque sin pecado" (4:15 NVI). Cuando Jesús estuvo en la tierra, lo sintió todo: aflicción (ver Juan 11:35), tentación (ver Marcos

1:13), frustración (ver Juan 2:15-16), cansancio (ver Lucas 13:34), rechazo (ver Juan 6:66), tristeza (ver Mateo 26:38), ridículo (ver Marcos 15:19), soledad (ver Mateo 27:36). Y, sin embargo, perseveró. Tal como nos llama a que hagamos en nuestra vida.

- Cuando Él comenzó, fue tentado por el diablo por cuarenta días en el desierto, y sin embargo perseveró (ver Marcos 1:13).

- Cuando su propia familia no entendió lo que estaba haciendo y pensó que estaba loco, Él perseveró (ver Juan 7:5).

- Cuando sus seguidores comenzaron a abandonarlo uno por uno, Él perseveró (ver Juan 6:66).

- Cuando fue deshonrado en su propio pueblo natal, Él perseveró (ver Marcos 6:1-6).

- Cuando los fariseos mintieron sobre Él y los saduceos conspiraron para atraparlo, Él perseveró (ver Lucas 20; Juan 8).

- Cuando Judas, uno de sus doce amigos más cercanos, lo traicionó, Él perseveró (ver Mateo 26:14-15; 27:3-5).

- Cuando enfrentó un juicio y fue sentenciado, Él perseveró (ver Mateo 26:47-68; 27:11-26).

- Cuando fue torturado, Él perseveró (ver Marcos 15:16-32).

Y nunca abandonó. Incluso cuando fue crucificado, Él perseveró. Cruzó su línea de meta. Cumplió con su tarea. Murió, fue sepultado y resucitó de la muerte, cumpliendo la profecía sobre el Mesías (ver 1 Corintios 15:4). Entonces tomó su lugar en los cielos a la derecha del Padre (ver Hebreos 10:12).

Si Jesús pudo perseverar en toda su carrera, entonces sé que nosotros también podemos hacerlo, y no solo porque Él se hizo plenamente hombre y nos lo demostró, ¡también porque somos llenos con el Espíritu Santo! ¡Somos llenos con el poder para seguir adelante!

Pablo nos dijo que corramos nuestra carrera de tal modo que ganemos el premio, y el único modo de hacerlo es simplemente seguir adelante. Seguir avanzando. Seguir perseverando. Seguir corriendo tras Jesús, anclándonos en Él cada vez más profundo, hasta que crucemos nuestra línea de meta. Solamente Jesús es la razón por la que seguimos adelante, corriendo nuestra carrera. Solo Jesús es digno de nuestra perseverancia. Solo Él es digno de nuestra devoción, nuestra fidelidad, nuestra alabanza, y que sigamos adelante para obtener más de Él. Hasta este día, los ángeles rodean su trono declarando su majestad: "Santo, santo, santo es el Señor Dios Todopoderoso, el que era, el que es, y el que ha de venir" (Apocalipsis 4:8). Echan sus coronas delante de su trono diciendo: "Señor, digno eres de recibir la gloria y la honra y el poder; porque tú creaste todas las cosas, y por tu voluntad existen y fueron creadas" (Apocalipsis 4:11).

Qué día cuando crucemos nuestra línea de meta y también podamos echar nuestras coronas delante de sus pies (ver Santiago 1:12; 1 Pedro 5:4; Apocalipsis 3:11). Por eso, no podemos dejar de correr nuestra carrera. Por eso, no podemos dejar de seguir avanzando. Por eso, no podemos dejar de perseverar. Jesús es digno de nuestro todo. ¡Él es el premio!

CONCLUSIÓN

¡Toquemos las campanas de victoria!

Porque las campanas son la voz de la iglesia; Tienen
tonos que tocan y examinan Los corazones de jóvenes
y viejos.

—Henry Wadsworth Longfellow, "The Bells of San Blas"

Cerrando mis ojos y levantando ligeramente mi cabeza para
dejar que mi rostro tomara un baño de sol, intenté inmortali-
zar el magnífico panorama que tenía delante de mí. Quería que
este momento y la escena pervivieran para siempre como una
fotografía que podía guardar en mi teléfono y verla cada vez que
necesitara unas minivacaciones. No había ningún lugar en la
tierra más perfecto para mí. Las aguas azul celeste y tranquilas
del Egeo; los asombrosos grupos de estuco blanco que colga-
ban de los acantilados; las dispersas bóvedas que reflejaban el
color azul perfecto. El atardecer resplandeciente que descansaba

sobre todo ese escenario. Ya lo has adivinado. Estaba en mi lugar favorito del mundo. *Santorini*.

De pie en lo alto de uno de los puntos más elevados de la caldera, a mil pies por encima del nivel del mar, Nick y yo habíamos recorrido el sendero desde Oia hasta Fira cuando me sentí impulsada a detenerme y empaparme de aquellas vistas tan impresionantes. Habíamos visitado este lugar por años, desde nuestra luna de miel, en cada oportunidad que teníamos de pasar por esta parte del mundo. Ni una sola vez nos decepcionó.

Justo cuando estaba a punto de abrir los ojos para ver la escena por última vez, no pude evitar dar un grito ahogado cuando oí el sonido más majestuoso. Un sonido que me ha gustado desde que era niña. Para mí, era una llamada santa y el toque perfecto para nuestra hermosa mañana. Estaban tocando las campanas de la iglesia. Y no solo de una iglesia, sino de todas las iglesias. Podía oír las que estaban cerca y también las que estaban lejos en la distancia. Por toda la isla y en todos los pueblos. Como si una llamara a la otra, proclamando la hora del mediodía tan fuerte como podían. En medio del toque, pude oír el melodioso repique de las Tres Campanas de Fira que estaban justo debajo de nosotros en el pueblo de Firostefani. Las tres campanas por separado se ubicaban en lo alto de una torre con arcos, por encima del acantilado que miraba al mar. Aunque yo no sabía por cuánto tiempo habían estado allí, la iglesia se construyó en el siglo XVIII, y juntas, las campanas habían servido a siglos de adoradores. Mientras las miraba, no pude evitar permanecer así un poco más tiempo y darles toda la reverencia que se merecían.

Al haber crecido oyendo tocar las campanas en lo alto de nuestra iglesia ortodoxa griega, supongo que estaba destinada a amar el noble sonido de las campanas de las iglesias, ya fueran los toques de una única campana o un carrillón perfectamente cronometrado. Independientemente de dónde las haya oído, siempre me han producido una sensación de paz. Es como si avivaran esperanza en mi interior. Sin duda, actúan como un recordatorio de que Dios está obrando en el mundo, y que hay personas en todas partes que lo buscan, lo sirven, y responden su llamada a venir.

LA LLAMADA A VENIR

Durante siglos, las campanas de las iglesias han tenido un significado profundamente simbólico, y aunque en la Biblia no se mencionan campanas de iglesias, sabemos por el Antiguo Testamento que sonaban pequeñas campanillas de oro ubicadas en el borde de la vestidura del sumo sacerdote, intercaladas con granadas, de modo que se le podía escuchar cuando se movía en el lugar santísimo, en lugar dentro del templo donde solamente podía entrar el sumo sacerdote (ver Éxodo 28:33-35).

También sabemos que llegará un día en el que Jesús regresará y establecerá el reino de Dios en la tierra. Cuando lo haga, como anunció el profeta Zacarías, aquellos reunidos para adorar a Dios se encontrarán en paz con su creación, y sonarán incluso más campanas, unas campanas que declaran su santidad.[1] "En aquel día estará grabado sobre las campanillas de los caballos: SANTIDAD A JEHOVÁ; y las ollas de la casa de Jehová serán como los tazones del altar" (Zacarías 14:20).

Creo que es maravilloso que las campanas de las iglesias hayan sido entretejidas en nuestra historia. Han sonado por todo el mundo, llamando a las personas a la oración. Llamándoles a recordar. Llamándoles a venir. Desde la Edad Media, han sonado para celebrar nacimientos, bodas y días santos. ¿No es simplemente hermoso cuando una pareja sale de la iglesia por primera vez como esposo y esposa y suenan las campanas? Para mí, esa bien puede ser la mejor parte de la ceremonia.

Las campanas de las iglesias se han utilizado para marcar el inicio, el medio y el final de un día, especialmente antes de que fuera común que la gente tuviera relojes en sus casas o se pusiera relojes de muñeca. En algunas iglesias, las campanas han sonado tres veces al día (mañana, mediodía y noche) para llamar a las personas a orar el Padre Nuestro.[2] Se han utilizado para mostrar dolor por los que se han ido o para llamar al pueblo a reuniones municipales.[3] Se han utilizado para llamar a los niños a ir a la escuela o para entrar después del receso. Han anunciado a pueblos enteros el tiempo para plantar y el tiempo para cosechar. Aunque quedaron silenciadas durante la Segunda Guerra Mundial, Gran Bretaña tocaba las campanas de sus iglesias para advertir de un ataque aéreo, y al final de la guerra, sonaron todas las campanas en Europa continuamente y de modo glorioso, celebrando la victoria de los Aliados.

Hasta el día de hoy, seguimos tocando todo tipo de campanas por multitud de razones. Para dar comienzo a eventos deportivos o para celebrar las victorias. Para animar a nuestros equipos y hacer todo el ruido que podamos. No hay nada que se parezca a un espectáculo de porristas lleno de campanas para gritar el espíritu de la escuela. Nunca olvidaré cómo sonaron las campanas durante la pandemia del coronavirus en 2020 para dar las gracias a los sanitarios que servían en primera línea.[4] Fue un tributo conmovedor en un momento en el que no podíamos juntarnos con ninguno de ellos físicamente y darles las gracias en persona.

Cuando entramos a una tienda, a veces oímos el sonido de la campanita que suena cuando se abre la puerta; y cuando necesitamos que nos atiendan, sabemos que debemos tocar la campana que hay en el mostrador. Incluso en la Bolsa de Nueva York, se toca la campana para señalar el inicio y el final de cada día de negocio.

Una de las tradiciones que me parecen más conmovedoras es cuando un paciente de cáncer toca la campana en un centro de tratamientos para celebrar que le han declarado libre de cáncer. Es una tradición que comenzó un contralmirante de Marina de los Estados Unidos, Irve Le Moyne. En 1996, le dijo a su médico que planeaba seguir una tradición naval de tocar una campana para significar "cuando el trabajo terminó". Por lo tanto, el día de su último tratamiento llevó una campana de bronce y la tocó varias veces, y después la dejó allí como donación. Más tarde fue ubicada en una pared con esta inscripción:

Toca esta campana
Tres veces hazla sonar
Para decir con claridad:
Mi tratamiento terminó,
Esta carrera ya se corrió
¡Y adelante sigo yo![5]

Quizá has conocido el privilegio de tocar ese tipo de campana, o tal vez lo celebrarse con un amigo o familiar. ¡Qué sensación debió haber sido "cuando el trabajo terminó"!

En el trabajo de A21, cada vez que un hombre, una mujer o un niño es rescatado del tráfico de seres humanos, nuestro equipo toca una campana. En cada oficina alrededor del mundo. Animamos, aplaudimos y gritamos. Celebramos la victoria tan alto como podemos. Es nuestro modo de vitorear y dar las gracias. Los miembros de nuestro equipo están tan comprometidos y el trabajo es tan duro, que es adecuado reconocer cuando sus esfuerzos salvan una vida. No hace mucho tiempo, después de que cien de los miembros de nuestro equipo e internos en el edificio de nuestra oficina comercial de California estuvieron gritando y animando por un rescate, alguien que trabaja en la oficina que está abajo de la nuestra detuvo a uno de los miembros de nuestro equipo en el piso de abajo. Quería saber por qué hacíamos tanto ruido de vez en cuando. Era una pregunta justa. Cuando el miembro de nuestro equipo se lo explicó, la oficina de abajo también adoptó esta misma práctica, y ahora lo hacen cada vez que nos oyen tocar la campana. No puedo decirte cuánto nos emociona a todos. Creemos que debemos ser sal y luz para marcar una diferencia en este mundo, y ahora la oficina de abajo lo está celebrando con nosotros. ¡Qué regalo!

El sonido de las campanas en mi vida ha llegado a significar más que nunca. Estoy agradecida porque, cuando perdí el rumbo, cuando me sentía tan insegura de sí podía seguir adelante en el camino que siempre había recorrido, cuando quise tocar la campana de la derrota, Dios no me permitió hacerlo. En cambio, en su gran misericordia me ayudó a anclar mi alma más profundo aún en Él para que pudiera seguir tocando las campanas de victoria en todo lugar donde Dios me llame a ir.

Quiero tocar las campanas de salvación y libertad. Quiero tocar las campanas de fe, esperanza y amor. Quiero tocar las campanas de bondad, benignidad y mansedumbre. Quiero tocar las campanas de paciencia, fidelidad y confianza. Quiero tocar las campanas de misericordia y perdón, de sanidad y liberación. Quiero tocar las campanas de gracia, reconciliación y restauración. Quiero tocar las campanas de verdad y justicia. Quiero seguir tocando cada una de las campanas del evangelio, porque...

+ Jesús está vivo.

+ Jesús salva.

+ Jesús sana.

+ Jesús redime.

+ Jesús restaura.

+ Jesús reconcilia.

+ Jesús es bueno.

+ Jesús hace bien.

+ Jesús es santo.

+ Jesús es justo.

+ Jesús es misericordioso.

+ Jesús es digno.

Hasta que Jesús regrese otra vez, ¡quiere que sigamos tocando las campanas de victoria! A mi edad, en la segunda parte de mi vida, sé que tocar todas las campanas que Dios me ha llamado a tocar requerirá más riesgo y requerirá más fe, pero estoy preparada para eso, y lo perseguiré. No fuimos creados para vivir una vida segura, aburrida, cómoda o predecible. Fuimos creados y transformados para ser personas que corren riesgos, que viven por fe, caminan por fe, y salen a nuestro mundo para compartir nuestra fe. Por lo tanto, me mantengo en la misión, avanzando la misión de Dios en la tierra. Quiero cumplir todo el propósito, los planes y las buenas obras que Dios tiene para mí. Quiero ayudar a producir una cosecha de almas. Quiero que mis hijas, tanto naturales como espirituales, vean

> Sé que tocar todas las campanas que Dios me ha llamado a tocar requerirá más riesgo y requerirá más fe, pero estoy preparada para eso.

que Jesús es digno de todo. Quiero hacer justicia dondequiera que vea injusticia. Quiero dar a Dios toda la gloria que pueda.

¿Será difícil?

Sí.

¿Será doloroso?

Sí.

¿Valdrá la pena?

Siempre.

Sé que no estoy sola. Y tú tampoco lo estás. El momento es urgente, y estoy preparada. Después de todo lo que ha atravesado, después de las maneras en que he perdido el rumbo y he sido tentada a alejarme, sé que ahora estoy anclada en Cristo más que nunca. Estoy segura de la fuerza que tiene el Ancla para guardarme, y a ti también, en este mundo que cambia tan rápidamente, a pesar de las corrientes, los vientos y las olas. Jesús ha demostrado que es fiel, fuerte, confiable y digno, una y otra vez. Jesús es Aquel que me sostiene, y quien me guardará de abandonar. Estoy preparada para tocar cada campana que dé gloria a Dios y celebre su victoria.

RECONOCIMIENTOS

Se necesita un equipo para ayudar a un autor a dar nacimiento a una visión. Estoy muy agradecida a Dios por cada persona que participó en este proyecto desde el inicio hasta el fin.

A mi esposo, Nick: Gracias por ayudarme a seguir adelante y no tocar la campana. Solamente tú y Jesús sabemos cuán cerca estuve realmente. Nadie ha creído en mí, me ha alentado, me ha sostenido o me ha impulsado más que tú. Después de un cuarto de siglo juntos, siento como si recién hubiéramos comenzado.

A mis hijas, Catherine y Sophia: Estoy muy agradecida porque Dios me escogió para ser su mamá. Ustedes son el deleite absoluto de mi vida. Gracias por su apoyo y paciencia una vez más a lo largo del proceso de escritura. Esta vez fue más difícil porque todos estábamos en cuarentena juntos y la isla de la cocina era mi escritorio, lo cual tuvo influencia en cuántas veces ustedes podían abrir el refrigerador cada día. Hicieron que fuera divertido cuando debería haber sido estresante, e incluso me permitieron contar algunas de sus historias. Les amo a las dos con todo mi corazón.

A Elizabeth Prestwood: Nadie conoce más que tú todo lo que he enseñado y he dicho. Me empujas a profundizar más y me ayudas a expresar mejor mis pensamientos y mis palabras. Tenerte a mi lado como escritora de colaboración, ayudándome a llevar adelante el proyecto y a dar vida a las historias, supone toda la diferencia. Debido a ti, este libro es mejor.

A Lysa TerKeurst: Nunca podría darte suficientes gracias por llevar a nuestro equipo por tu experiencia de Formación COMPEL. Este libro no sería lo que es si no nos hubieras ayudado. Te amo profundamente, amiga. Gracias por alentarme a ser mejor y a hacerlo mejor.

A Rebekah Layton: Gracias por revisar cada capítulo numerosas veces. Ofreciste mucha sabiduría e hiciste sugerencias estupendas. Significas muchísimo para mí, y agradezco profundamente tu compromiso con este mensaje.

A Rosilyn, Katie, Emily, Jess, Natalie, Mi Yung, Noah, Andrea, and Rhiannon: Gracias por compartir generosamente sus historias y permitir que sus experiencias nos inspiren a todos.

A Tim Paulson, Jamie Lockard, Jessica Wong, Brigitta Nortker, Whitney Bak, Stephanie Tresner, Kristen Golden, Claire Drake, Sara Broun, y todo el equipo de Thomas Nelson: Gracias por darme la bienvenida a la familia con brazos abiertos. Ustedes pusieron su corazón y su alma en este proyecto con gran pasión y entusiasmo. Jessica, eres la mejor editora del mundo, y tus sugerencias ayudaron a fortalecer esta obra. Estoy muy agradecida por cada uno de ustedes.

A Matt Yates: Gracias por creer en este mensaje y ayudarme a soñar más grande y llegar más lejos. Has sido un regalo inmenso para Nick y para mí. Estamos muy agradecidos porque estás en nuestro mundo.

A nuestros equipos A21, Propel, Iglesia ZOE, y Equip and Empower, voluntarios, colaboradores y socios: Servir a Jesús al lado de ustedes es el mayor privilegio y honor de mi vida. Una nota de agradecimiento especial a Ashley Ziegler y Katie Strandlund, que trabajaron incansablemente para asegurar que todas las piezas del puzle se juntaran. Los amo mucho a todos.

A mi Señor y Salvador Jesucristo: Tú eres esta esperanza que tengo, como un ancla para mi alma.

NOTAS

INTRODUCCIÓN

1. Keith Scott-Mumby, "Two Thirds of People Who Drown Are Strong Swimmers", Dr. Keith Scott-Mumby: The Alternative Doctor, https://alternative-doctor.com/news-stuff/two-thirds -of-people-who-drown-are-strong-swimmers/.

CAPÍTULO : ECHAR Y FIJAR EL ANCLA

1. "Ocean Currents", National Oceanic and Atmospheric Administration, agosto de 2011, https://www.noaa.gov/education /resource-collections/ocean-coasts/ocean-currents.

2. *Encyclopaedia Britannica Online*, s.v. "East Australian Current", 21 de febrero de 2019, https://www.britannica.com/place/East -Australian-Current; "East Australian Current", Earth Observatory, 17 de agosto de 2005, https://earthobservatory.nasa.gov /images/15366/east-australian-current.

3. "Chains: General Information", Anchor Marine Houston, https://anchormarinehouston.com/wp-content/uploads/2019/03/Section _2_Chains.pdf; Katy Stickland, "How Much Anchor Chain?", *Yachting Monthly*, 26 de agosto de 2019, https://www.yachtingmonthly .com/sailing-skills/how-much-anchor-chain-70603; Fortress Marine Anchors, Guardian Anchors Selection Guide, https://fortressanchors.com/anchors/guardian/#guardianselection.

CAPÍTULO 2: SABES QUE HAS PERDIDO EL RUMBO CUANDO...DEJAS DE CONFIAR Y COMIENZAS A CONTROLAR

1. David Fiedler, "What Is a Bike Chain Master Link and What Does It Do?", LiveAbout, actualizado 8 de febrero de 2019, https://www .liveabout.com/what-is-a-bike-chain-master-link-and-what-does-it-do-365498.

2. *King James Bible Dictionary*, s.v. "trust", http://www.kingjamesbibledictionary. com/Dictionary/trust.

3. N. T. Wright, *Surprised by Hope: Rethinking Heaven, the Resurrection, and the Mission of the Church* (New York: HarperOne, 2008), pp. 132–37.

4. Sean Grover, "Do You Have a Controlling Personality?", *Psychology Today*, 30 de noviembre de 2017, https://www.psychologytoday.com/us /blog/when-kids-call-the-shots/201711/do-you-have-controlling -personality.

5. Grover.

6. Jack Wellman, "What Does Lament Mean? A Biblical Definition of Lament or Lamenting", Patheos, 20 de agosto de 2015, https://www .patheos.com/blogs/christiancrier/2015/08/20/what-does-lament -mean-a-biblical-definition-of-lament-or-lamenting/.

7. "Why Did Jesus Cry?" Bible Study, https://www.biblestudy.org /basicart/why-did-jesus-cry.html.

8. *King James Bible Dictionary*, s.v. "Lament", http://www. kingjamesbibledictionary.com/Dictionary/lament.

9. *King James Bible Dictionary*.

10. Mark Vroegop, "Dare to Hope in God", Desiring God, 6 de abril de 2019, https://www.desiringgod.org/articles/dare-to-hope-in-god.

11. N. T. Wright, "Christianity Offers No Answers About the Coronavirus. It's Not Supposed To", *TIME*, 29 de marzo de 2020, https://time.com/5808495/coronavirus-christianity/.

12. Mark Vroegop, "Lament Psalms Are a Gift", Mark Vroegop (página web), http://markvroegop.com/lament-psalms-are-a-gift/; Ernie Baker, "Psalms 42 and 43—The Gift of Lament", Biblical Counseling Coalition, 3 de abril de 2019, https://www.biblicalcounselingcoalition.org/2019/04/03/psalms-42-and-43-the-gift-of-lament/; Dr. Heath Thomas, "Lamentations and the Gift of Prayer", Bible Society, 18 de noviembre de 2016, https://www.bible society.org.uk/explore-the-bible/bible-articles/lamentations-and-the-gift-of-prayer/.

13. Wright, *Surprised by Hope*, p. 29.

14. Christine Caine, *20/20: Seen. Chosen. Sent.* (Nashville: Lifeway, 2019), p. 173.

CAPÍTULO 3: SABES QUE HAS PERDIDO EL RUMBO CUANDO...DEJAS DE SANAR Y COMIENZAS A SUPURAR

1. "About the Race", Absa Cape Epic, https://www.cape-epic.com/riders/new-riders/about-the-race.

2. Christine Caine, 20/20: Seen. Chosen. Sent. (Nashville: Lifeway, 2019), p. 89.

3. J. Josh Smith, "Seeing Jesus Clearly: A Sermon from Mark 8:22–33", *Southwestern Journal of Theology* 53 (Primavera 2011), https://preaching source.com/journal/seeing-jesus-clearly-a-sermon-from-mark-8-22-33/.

4. Smith.

CAPÍTULO 4: SABES QUE HAS PERDIDO EL RUMBO CUANDO...DEJAS DE PREGUNTAR Y COMIENZAS A DIVAGAR

1. "What Are the Most Famous/Important Questions in the Bible?", Got Questions, https://www.gotquestions.org/questions-in-the-Bible.html; Doug Andre, "The Most Important Question in the Bible", Unlocking the Bible, 6 de enero de 2016, https://unlocking thebible.org/2016/01/the-most-important-question-in-the-bible/.

CAPÍTULO 5: SABES QUE HAS PERDIDO EL RUMBO CUANDO...DEJAS DE ORAR Y COMIENZAS A HABLAR

1. "LSD," Drugs.com, https://www.drugs.com/illicit/lsd.html.

2. John Knox, *The Works of John Knox*, vol. 3, *Earliest Writings 1548–1554*, ed. David Laing (Edinburgh: Bannatyne Club, 1854), p. 83.

3. "What Was the Temple Veil? What Is the Meaning of the Temple Veil Being Torn in Two When Jesus Died?", CompellingTruth.org, https://www.compellingtruth.org/temple-veil-torn.html.

4. *Encyclopaedia Britannica Online*, s.v. "Herod Agrippa I", 1 de enero de 2021, https://www.britannica.com/biography/Herod-Agrippa-I.

CAPÍTULO 6: SABES QUE HAS PERDIDO EL RUMBO CUANDO...DEJAS DE REUNIRTE Y COMIENZAS A AISLARTE

1. Brian Candy, "Christianity—Attending Church in Qatar", Qatar Quick, 1 de julio de 2019, https://qatarquick.com/christianity-attending-church-in-qatar.

2. Caryle Murphy, "For the First Time, Christians in Qatar Worship in Church", *Christian Science Monitor*, 9 de febrero de 2009, https://www .csmonitor.com/ World/Middle-East/2009/0209/p01s01-wome.html.

3. Caryle Murphy, "Qatar Opens First Church, Quietly", Al Jazeera, 20 de junio de 2008, https://www.aljazeera.com/news/2008/06/20/qatar-opens-first-church-quietly/.

4. Oishimaya Sen Nag, "What Religions Are Practiced in Qatar?", World Atlas, 23 de abril de 2018, https://www.worldatlas.com/articles/what-religions-are-practiced-in-qatar.html.

5. Dr. Steven Um et al., "The Background and Purpose of Hebrews", Thirdmill, https://thirdmill.org/seminary/lesson.asp?vs=HEB&ln=1.

6. Matt Merker, "Why Gather? Thinking About Gathering When Churches Can't", 9Marks, 24 de abril de 2020, https://www.9marks.org /article/why-gather-thinking-about-gathering-when-churches-cant/.

7. W. E. Vine, *Vine's Expository Dictionary of Old and New Testament Words* (Grand Rapids: Revell, 1981), s.v. "ekklesia."

8. Merker, "Why Gather?" .

9. Jonathan Leeman, "The Church Gathered", The Gospel Coalition, https://www.thegospelcoalition.org/essay/the-church-gathered/.

10. Merker, "Why Gather?".

11. Everett Ferguson, *The Church of Christ: A Biblical Ecclesiology for Today* (Grand Rapids: Eerdmans, 1996), p. 235.

12. Merker, "Why Gather?".

13. Fritz Chery, "12 Biblical Reasons for Attending Church", Bible Reasons, 15 de octubre de 2020, https://biblereasons.com/reasons-for-attending-church/.

14. Leeman, "The Church Gathered".

15. Leeman.

16. Ryan Holeywell, "In Houston, the Land of Megachurches, Religious Service Attendance Declines", Kinder Institute for Urban Research, 25 de abril de 2016, https://kinder.rice.edu/2016/04 /25/in-houston-the-land-of-megachurches-fewer-people-attending-religious-services.

17. Dan Reiland, "5 Reasons People Drift from Church and How to Respond", *Outreach Magazine*, 20 de junio de 2019, https://outreach magazine.com/ features/leadership/43753-5-reasons-people-drift-from-church-and-how-to-respond.html.

CAPÍTULO 7: SABES QUE HAS PERDIDO EL RUMBO CUANDO...DEJAS DE TENER HAMBRE Y COMIENZAS A ATIBORRARTE

1. Omaira Gill, "Breaking Bread in Greece", Greece Is, 16 de marzo de 2016, https://www.greece-is.com/breaking-bread-greece/.

2. Nancy Gaifyllia, "Prosforo Orthodox Offering Bread", The Spruce Eats, 13 de agosto de 2019 https://www.thespruceeats.com/orthodox-offering-bread-1705604; Andrew Athanasiou, "Role of Bread in the Orthodox Church", Greek Boston, https://www.greekboston.com/religion/prosforo/; John Lardas, "Prosphora Bread Ministry", Holy Trinity Orthodox Church, https://orthodoxct.org/prosphora_bread.

3. Merrill, R. (2014). *Seeking*. Douglas Mangum, Derek R. Brown, Rachel Klippenstein, y Rebekah Hurst, eds., *Lexham Theological Wordbook* (Bellingham, WA: Lexham Press, 2014) s.v. "seeking".

CAPÍTULO 8: SABES QUE HAS PERDIDO EL RUMBO CUANDO...DEJAS DE TRABAJAR Y COMIENZAS A OBSERVAR

1. Damon, "25 Ancient Greek Inventions We Still Use", History Things, 26 de abril de 2020, https://historythings.com/25-ancient-greek-inventions-still-used-today/.

2. Mary Bellis, "The History of Concrete and Cement", ThoughtCo., 6 de marzo de 2019, https://www.thoughtco.com/history-of-concrete-and-cement-1991653.

3. "History of the Greek Cement Industry", Hellenic Cement Industry Association, http://www.hcia.gr/en/compay/greek-cement/.

4. Muzore, Urban Dictionary, s.v. "Greek broom", 5 de octubre de 2017, https://www.urbandictionary.com/define.php?term=Greek%20broom.

5. Daveyyyy10, Urban Dictionary, s.v. "Mediterranean Broom", 6 de diciembre de 2011, https://www.urbandictionary.com/define.php?term=Mediterranean%20Broom.

6. Stephen Mattson, "Jesus Was a Protester", *Sojourners*, 16 de marzo de 2016, https://sojo.net/articles/jesus-was-protester.

7. Caine, 20/20: Seen. Chosen. Sent. (Nashville: Lifeway, 2019), p. 171.

8. Caine, p. 175.

9. Caine, p. 60.

CAPÍTULO 9: SABES QUE HAS PERDIDO EL RUMBO CUANDO...DEJAS DE AVANZAR Y COMIENZAS A DEJARTE LLEVAR

1. "The Legend of Cliff Young: The 61 Year Old Farmer Who Won the World's Toughest Race", Elite Feet, https://elitefeet.com/the-legend-of-cliff-young/; Daven Hiskey, "A 61 Year Old Potato Farmer Once Won One of the World's Most Grueling Athletic Competitions", Today I Found Out, 27 de octubre de 2011, https://www.todayifoundout.com/index.php/2011/10/a-61-year-old-potato-farmer-once-won-one-of-the-worlds-most-grueling-athletic-competitions/.

2. W. E. Vine, Vine's Expository Dictionary of Old and New Testament Words (Grand Rapids: Revell, 1981), s.v. "dioko".

3. *Merriam-Webster*, s.v. "coast (v.)", https://www.merriam-webster.com/dictionary/coast.

4. Kenton and Jane, "Greek Olive Oil: An Overview of the Olive Oils from Greece", *Lemon & Olives* (blog), https://www.lemonandolives.com/greek-olive-oil-an-overview-of-the-olive-oils-from-greece/.

5. *Merriam-Webster*, s.v. "endurance", https://www.merriam-webster.com/dictionary/endurance.

6. *Vine's Expository Dictionary*, s.v. "hupomone".

CONCLUSIÓN

1. Andrew Knowles, *The Bible Guide* (Minneapolis: Augsburg Fortress, 2002), p. 394.

2. Rev. Dan McDowell, "The History and Significance of Church Bells", *Olean Times Herald*, 1 de agosto de 2014, https://www.oleantimesherald.com/search/?l=25&sort=relevance&f=html&t=article%2Cvideo%2Cyoutube%2Ccollection&app=editorial&nsa=eedition&q=history+church+bells; Dolores Smyth, "What Is the Origin and Purpose of Church Bells?", Christianity.com, 16 de julio de 2019, https://www.christianity.com/wiki/church/what-is-the-origin-and-purpose-of-church-bells.html.

3. The Brooklyn Paper, "Church Bells Toll in Brooklyn and Queens Amid Coronavirus Outbreak", QNS, 3 de abril de 2020, https://qns.com/2020/04/church-bells-toll-in-brooklyn-and-queens-amid-coronavirus-outbreak/; Jack Wellman, "Why Do Churches Have Bells?", Patheos, 28 de octubre de 2016, https://www.patheos.com/blogs/christiancrier/2016/10/28/why-do-churches-have-bells/.

4. "Hosemann: Ring Church Bells in Support of Healthcare Workers", WJTV, 3 de abril de 2020, https://www.wjtv.com/health/coronavirus/hosemann-ring-church-bells-in-support-of-healthcare-workers/; Ellen Ciurczak, "Ring Bells Amid Coronavirus: Mississippi Churches, Residents Statewide Asked to Join In", *Clarion-Ledger*, 6 de abril de 2020, https://www.clarionledger.com/story/news/2020/04 /06/coronavirus-mississippi-churches-residents-ringing-bells-6-p-m-daily-support-health-care-workers/2954208001/.

5. Jenny Montgomery, "Ringing the Bell Marks a Milestone in Cancer Treatment", MD Anderson Cancer Center, 28 de octubre de 2019, https://www.mdanderson.org/cancerwise/why-do-cancer-patients-ring-a-bell-after-treatment.h00-159306990.html.

ACERCA DE LA AUTORA

Christine Caine es una amante de Jesús, activista, autora y oradora internacional, nacida en Australia y de sangre griega. Junto con su esposo, Nick, lidera la organización *A21* contra el tráfico de seres humanos, y también *Propel Women*. Ellos y sus dos hijas tienen su hogar en el sur de California.